La sabiduría de la tortuga
Sin prisa pero sin pausa

books4pocket

José Luis Trechera

La sabiduría de la tortuga
Sin prisa pero sin pausa

ALMUZARA

© José Luis Trechera Herreros, 2009
© de la primera edición: Editorial Almuzara, S.L., 2007
© de la primera edición en bolsillo : Editorial Almuzara, S.L., enero 2009
© de la segunda edición: Editorial Almuzara, S.L., abril 2009
© de la tercera edición: Editorial Almuzara, S.L., marzo 2010
www.editorialalmuzara.com
info@editorialalmuzara.com
www.books4pocket.com

Ilustraciones de Mª Guadalupe Medinilla Montenegro

Diseño de colección: Opalworks
Diseño de portada: Talenbook

Impreso por Novoprint, S. A.
Energía 53
Sant Andreu de la Barca (Barcelona)

Fotocomposición: books4pocket

I.S.B.N: 978-84-92516-42-1
Depósito Legal: B-12130-2010

Reservados todos los derechos. Queda rigurosamente prohibida, sin la autorización escrita de los titulares del copyright, bajo las sanciones establecidas en las leyes, la reproducción parcial o total de esta obra por cualquier medio o procedimiento, incluidos la reprografía y el tratamiento informático, así como la distribución de ejemplares mediante alquiler o préstamo público.

Impreso en España - *Printed in Spain*

A la vida que está en camino, para que pueda crecer con plenitud y sentido

INTRODUCCIÓN

«Tanta prisa tenemos por hacer, escribir y dejar oír nuestra voz en el silencio de la eternidad que olvidamos lo único importante: vivir»

(R. Stevenson)

«Los occidentales tienen el reloj, los orientales poseen el tiempo»

(Proverbio árabe)

En la costa occidental de Nicaragua se produce en las tardes-noche de julio un espectáculo fascinante: cientos de tortugas emergen de las aguas del Pacífico para conquistar la orilla y con sus movimientos pausados buscan un lugar idóneo para desovar y enterrar sus huevos en la arena. Con el objetivo de cumplir con la misión de perpetuar la especie, cada hembra quizá haga un recorrido de miles de kilómetros para volver al sitio donde nació y, según la tradición del lugar, en su primer viaje puede que emplee unos treinta años.

Desde nuestro contexto, ¿cómo evaluaríamos ese modo de proceder? ¿Es una pérdida de tiempo? ¿Es una baja productividad? Quizá nos surja el deseo de poder acelerar el proceso para que fuesen más «rápidas y eficaces». Seguro que también se buscaría alguna justificación racional: de esa manera se les ayudaría y facilitaría su ardua labor y así podrían tener más descendencia.

Desgraciadamente, la disminución de ejemplares de tortuga no va unido a la lentitud de su ciclo vital, sino entre otras circunstancias, a la presencia del ser humano, que roba sus huevos y esquilma a los ejemplares adultos, provocando su paulatina desaparición.

Si utilizamos el símil de la tortuga es para interrogarnos sobre los estilos de vida actuales. En la cultura del denominado «primer mundo» ser lento es sinónimo de ser torpe, ineficaz, «tonto» o inútil. Se impone la rapidez y la impaciencia, todo tiene que estar disponible «al momento». Por ejemplo, hoy una espera de quince segundos ante el ascensor se hace insoportable o por mucha alta velocidad de la que se disponga, nos enerva que no aparezca rápidamente una página en internet.

Cualquiera que observe el día a día de nuestras ciudades verá una vorágine de sujetos corriendo desesperadamente de un lugar para otro. Muchas personas, si pudieran, desearían que el día tuviera el doble de horas o incluso la posibilidad de no dormir, ya que supone un «tiempo desaprovechado». Da la sensación que no sabemos a dónde vamos, pero que avanzamos a pasos agigantados.

Se vive una carrera desesperada por ganar tiempo al tiempo. Así, en el relato de *Los viajes de Gulliver*, los liliputenses viendo al protagonista consultar tanto el reloj llegaron a la conclusión de que sería Dios, ya que parecía que poseía el control del tiempo. En la actualidad, más que en dioses, nos hemos convertido en pequeños aprendices de brujo, gurús del tiempo, afanados en buscar la «pócima mágica» para administrar su uso. Pero es importante no olvidar lo esencial. Por un lado, ser conscientes de que el reloj es un medio y que es la persona la que ha de controlarlo y no al revés. Por otro, hay que resaltar que todos tenemos derecho a establecer nuestros propios ritmos y vivencia del tiempo.

A pesar de que se presentan más oportunidades que en ninguna otra época histórica, el ser humano parece estar atrapado en el *síndrome de Tántalo*; como en el mito, lo tiene todo a su alcance y no puede disfrutar de las posibilidades que están a su disposición. En consecuencia, más que vivir se «desvive» o «mal vive». Al mundo de hoy le pasa lo que se solía afirmar del regente de un determinado rey, «que tenía todos los talentos menos el talento para usar de ellos».

Desde hace siglos, se ha dado por supuesto que todas las personas anhelaban y buscaban la felicidad, sin embargo, en el día a día se sigue confirmando la evidencia, ya apuntada por A. Camus, de que «los hombres siguen muriendo y no son felices». ¿Qué nos pasa? ¿Por qué es tan difícil llevar una mínima calidad de vida?

El libro pretende reflexionar sobre esta experiencia. La obra se desarrolla en tres partes:

- En la primera, el objetivo será sensibilizarse ante la realidad. ¿Cómo hemos llegado a la situación actual? Nos hemos ido haciendo de una determinada manera y nuestra relación con el tiempo y la actividad laboral no ha sido siempre la misma. Así, el trabajo, de vivirse como un castigo divino, ha pasado a sentirse como un castigo «humano» si no se tiene. ¿Cuál es nuestra relación con el tiempo y el trabajo? Conocer la realidad es el primer paso para poder transformarla.

- En la segunda, se describen algunas consecuencias de esos ritmos de vida. El cuerpo es muy «chivato» y como caja de resonancia, protesta y se rebela. La «máquina de la aceleración y la urgencia» pasa factura al ser humano: la enfermedad de la prisa, la adicción al trabajo, el estrés, el síndrome de burnout y el narcisismo son algunas de esas alteraciones.

- En la tercera, se aportan pistas para replantear los estilos de vida. En el plano social se ofrece una alternativa, el movimiento *Slow* y en la esfera individual, un decálogo para aprendices: «La calma es oro». A partir de la experiencia de asesoramiento a personas y organizaciones, se elabora un listado con aquellas variables que facilitan plantearse la existencia con más sentido. Es fundamental conocerse para ser protagonista y responsabilizarse de la propia historia. Si hemos sido capaces de construir determinados estilos de vida, también podemos «reconstruir» otros modos de proceder.

El trabajo se ha ido fraguando en el contacto directo con diversas personas y colectivos a través de cursos y el asesoramiento psicológico. El objetivo no ha sido desarrollar un libro técnico y especializado sobre la gestión o administración del tiempo. Muchos de esos intentos pueden correr el peligro de querer «controlar el tiempo» para incluso «aprovecharlo mejor» y en consecuencia llenar la agenda con más actividades, sin cuestionar para nada el sistema de valores y el sentido de la administración de ese tiempo. Como afirmaba H. Thoreau, «no es suficiente con estar ocupados: las hormigas también lo están. La cuestión es, ¿en qué estamos ocupados?»

Lo que se pretende es describir una determinada realidad, la cultura de la aceleración y la prisa en la que está inmerso el ser humano del primer mundo, con el fin de que cualquier persona pueda verse retratada e interpelada por la descripción que se realiza. Al mismo tiempo, se proponen herramientas, cuestionarios y ejercicios, elaborados en el día a día de una permanente reflexión e investigación. Con la experiencia acumulada se intenta ofrecer un material que sea útil y le sirva a todos aquellos que pretendan hacer un alto en su vida y asimilando la «sabiduría de la tortuga», quieran replantear su existencia.

Decía Ortega y Gasset que «prisa sólo tienen los enfermos y los ambiciosos». Si esto fuera así, esta sería una sociedad enferma y ambiciosa o tal vez, «enferma de ambición». Sin embargo, desde diversos frentes, se vislumbra el deseo de cambiar. La vida es lo único que tenemos y de ahí la importancia de implicarse para desarrollarla con plenitud.

El mismo Ortega afirmaba que el individuo tiene una importante relación con su contexto social, «yo soy yo y mis circunstancias», pero muchos olvidan la continuación de la frase, «y si no salvo mis circunstancias, no me salvo yo». Para nada se pretende la resignación o la aceptación del «*statu quo*» sin más, sino responsabilizarse para posibilitar el cambio. Frente a posturas derrotistas, que fácilmente pueden caer en el fundamentalismo tan propio de nuestros días, es importante ser realistas, no pidiendo lo imposible, sino poniendo los medios para que lo que anhelamos como ideal, sea cada vez más posible.

A su vez, la obra pretende ser una invitación a la esperanza. A pesar de los pesares, seguimos apostando por el ser humano, con sus grandezas y miserias y sobre todo con su gran potencial de desarrollo. Podemos hacer propia la frase de A. Camus que puso en boca del protagonista de *La Peste*: «en el ser humano hay siempre más cosas dignas de admiración que de desprecio».

Comenzábamos reflexionando sobre la tortuga y terminamos también con ella. La tortuga es un animal de ciclo vital lento y aunque en nuestro contexto cultural sea sinónimo de torpeza e inutilidad, sin embargo, para muchas culturas es un animal con una dimensión espiritual. A lo largo de la Historia, las tortugas han estado ligadas a creencias religiosas, a la magia y a la mitología. Así, para los Mayas personificaban la longevidad y la sabiduría; en China son animales que proporcionan un buen presagio; en la India aparecen como una de las encarnaciones del Dios Shiva; en la práctica del Feng Shui, la tortuga es uno de los cuatro animales celestiales —dragón, fénix, tigre y tortuga— y son tan importantes como los dragones ya que representan el mayor símbolo de equilibrio, longevidad, buena fortuna, apoyo y protección.

Frente a una cultura infectada por el virus de la prisa, hay que resaltar que desenvolverse con lentitud no tiene por qué asociarse a pensar o vivir con desidia o apatía. Lo importante y fundamental es hacer buen uso de esa lentitud. Quizás lo básico no sea ser *tan lento*, sino actuar con *talento*. He ahí *la sabiduría de la tortuga: sin prisa pero sin pausa.*

Este trabajo no podría haber visto la luz sin la colaboración de muchas personas. A todos ellas mi agradecimiento. En especial, a Manuel Pimentel, presidente de Grupo Almuzara, por su disponibilidad y confianza; a Alfonso Porras por su amistad y sabiduría; y a mi querida Guadalupe y la vida que lleva en su seno, por su saber estar y apoyo en todo el proyecto.

PARTE I
SENSIBILIZARSE ANTE LA REALIDAD

> «Si la humanidad es algo que tiene que empezar con la razón, con el sentimiento, con una relación humana más estrecha y más limpia, con más conocimiento del otro, entonces yo diría que cada vez estamos más lejos de eso.
>
> Las tres enfermedades de la actual civilización son la progresiva incomunicación, una revolución tecnológica que no tenemos tiempo para asimilar ni sabemos a dónde nos lleva, y una concepción de la vida que únicamente pasa por el triunfo personal, individual.»
>
> *(J. Saramago)*

I
INTRODUCCIÓN

1.1. La tortuga va a su ritmo: sin prisa pero sin pausa

Como una plaga que surge del Océano, cientos de tortugas emergen de las aguas del Pacífico para conquistar la orilla. Con sus movimientos pausados se trasladan y buscan un lugar idóneo para desovar y enterrar sus huevos en la arena. Localizado el sitio, allá donde la marea alta no llega, la tortuga cava con sus patas traseras un profundo orificio circular. En este, comienza a depositar sus huevos, más o menos alrededor de cien. Cada hembra quizá haga un recorrido de miles de kilómetros para volver al sitio donde nació y su primer viaje lo realiza al cabo de bastantes años.

Tras 45-60 días se produce una escena entre lo mítico y lo mágico. De la arena van apareciendo cientos de tortuguitas que en procesión interminable luchan por sobrevivir y conseguir alcanzar la orilla para adentrarse en el mar.

Ante ese espectáculo, uno se queda sorprendido e impactado. ¿Cómo es posible que esos minúsculos y vulnerables cuerpecitos puedan alcanzar un peso y tamaño tan gigantesco? La vida siempre triunfa y marca sus reglas.

¿Qué nos enseña esta experiencia?

- *La tortuga funciona a su ritmo*: sin prisa pero sin pausa. Lo importante es realizar bien su tarea.

- *Tener claro el objetivo*: ser fiel y cumplir con el plan propuesto.

- *Perseverancia y constancia*. Es fundamental poner los medios y no venirse abajo ante la más mínima adversidad.

- *Compromiso con su especie.* Si cada ejemplar no tuviera presente su misión y responsabilidad con los demás y dejara de realizar su labor, más tarde o más temprano, desaparecerían todos.

- *Confianza y apuesta por la vida.* La tortuga realiza su trabajo: pone los medios, «siembra» sin ver directamente la consecuencia de su esfuerzo. Es verdad, que puede que no se desarrollen los huevos, pero lo que si está claro, es que si no los deposita es imposible que siga la cadena de la vida.

I.II. ¿QUÉ NOS PASA?

> *«Nada extraordinario había en todo eso y ni siquiera le pareció nada extraño oír que el Conejo se dijera a sí mismo: ¡Dios mío, Dios mío! ¡Qué tarde voy a llegar!»*
> *(L. Carroll)*

Si miramos a nuestro alrededor, cada vez nos parecemos más al personaje del conejo en la obra de Lewis Carroll, *Alicia en el país de las maravillas*, que permanentemente miraba el reloj y se quejaba de no tener tiempo. Observar la rutina normal de una ciudad, es percatarse de cómo nuestras calles son un enjambre de personas que a toda velocidad, casi pisándose unas a otras, van hacia algún destino, se supone que con cierto objetivo.

Una de las características principales de nuestro mundo actual es la aceleración, la rapidez, el cambio brusco, la inmediatez. Decir que «no hay tiempo» es una expresión demasiado generalizada. De ahí que en el denominado «primer mundo», el tiempo se considere un bien escaso y como tal muy apreciado, *time is money*, y no es raro que se afirme que puede que sea uno de los recursos más valorados en el siglo XXI.

En nuestro contexto actual nos invade la prisa. Se tiene la experiencia de que las actividades nos superan y desbordan. La urgencia precipita un modo de proceder en el que *casi todo tiene que estar terminado para ayer*. Así, no se vive en el presente, porque el presente «ya es pasado» y en consecuencia, difícilmente se proyectará un futuro, porque nunca podrá llegar.

Nos encontramos gobernados por los relojes, con la sensación de que cada vez corremos más y curiosamente, cada vez tenemos menos tiempo. Funcionamos como unos «hamsters» que son colocados en un entorno social —jaula— y que no paran de correr a toda velocidad día y noche dentro de una rueda que se mueve pero que no se desplaza a ningún sitio y cuyo único objetivo es mantenerla en continuo movimiento.

A pesar de los inventos modernos que deberían aliviar la dureza de la actividad diaria y facilitar una existencia más relajada, la realidad camina por otro lado. Más que controlar y disfrutar del tiempo, da la sensación que es este el que nos dirige y domina. Más que vivir, el ser humano se «desvive» o mal vive.

Lamentablemente, estamos tan inmersos en el sistema que no nos sorprende la situación. Incluso, como en la experiencia de *Alicia en el país de las maravillas*, puede que tales conductas nos parezcan lo más normal. No resulta fácil pararse e intentar «darse cuenta» de nuestros estilos de vida para sensibilizarnos y ser conscientes de por qué hacemos lo que hacemos.

A veces, ante la imposibilidad para realizar ese proceso de auto-observación, el organismo reacciona y protesta. El *cuerpo es muy chivato* y funciona como *caja de resonancia* que nos lanza llamadas de atención para que nos interpelemos y cambiemos el registro. Determinadas alteraciones, somatizaciones, estrés, cansancio, pueden ser signos de tal desgaste. Lo fundamental es que podamos reaccionar antes de que sea demasiado tarde.

I.III. ¿Cuáles son nuestros valores?

> *«Porque donde esté tu tesoro, allí estará también tu corazón»*
>
> *(San Mateo, 6, 21)*

Cuando imparto seminarios sobre las materias que ocupan mi campo de reflexión, por ejemplo, el desarrollo de habilidades sociales o la dinámica de grupos, suelo realizar un ejercicio que resulta muy ilustrativo. Reparto una hoja a los participantes en la que se les presentan dos columnas. En el título de la tabla de la izquierda aparece el término positivo y en el de la derecha el de negativo. Les comento que voy a leerles unas palabras y que, sin pensar mucho, tienen que distribuirlas en una de las dos columnas según la valoración social que nuestro contexto cultural les da. La lista está formada por diversos vocablos como ocioso, reposo, retiro o persona ocupada[1].

---

[1] Ver ejercicio nº 4 del Decálogo para principiantes: «La calma es oro».

Con frecuencia, se construye una estructura como la siguiente:

POSITIVO	NEGATIVO
Persona ocupada	Ocioso
Actividad	Inactivo
Rapidez...	Lento...

En la columna de la izquierda, con el componente positivo, se suele llenar de expresiones como persona ocupada, rapidez, actividad, y la de la derecha, con la connotación negativa, de términos como ocioso, inactivo, lento, pasar o perder el tiempo. Al final de la prueba les pido que plasmen por escrito una petición de varios deseos cuya obtención les permitiera estar a gusto y ser felices. En la mayoría se puede leer el deseo de «tener más tiempo».

El debate posterior resulta enriquecedor y pone en contacto a las personas con una «gran paradoja». Por un lado, se destaca como valioso el activismo, el estar muy ocupado y de ahí el culto a la rapidez y a la velocidad. Sin embargo, el anhelo generalizado de todos es poder disponer de más tiempo. Pero tiempo, ¿para qué? ¿Para intentar realizar más actividades? ¿Para poder trabajar más? Si se entra en esa dinámica difícilmente se podrá romper *el círculo vicioso*. Nunca se tendrá el momento oportuno y siempre se estará falto de tiempo en una permanente añoranza del que se nos va y moviéndonos ansiosamente a la búsqueda compulsiva del tiempo perdido.

El tiempo es el mismo para todo el mundo, por mucho que lo queramos estirar el día tiene veinticuatro horas. Se podría afirmar que el tiempo es una de las variables más *democráticas* ya que nos afecta a todos. Como afirma M. Castells, *«somos tiempo encarnado»*[2], si algo poseemos es tiempo: tenemos un pasado, vivimos un presente e intentamos proyectar el futuro.

No podemos escapar a la realidad temporal y es en ella donde nos realizamos a todos los niveles. Como afirmaba San Agustín, *«no hubo tiempo alguno en el que no hubiese tiempo»*. Si bien no hay posibilidad de substraernos al tiempo, sí puede depender de nosotros el cómo utilizarlo. ¿Vivimos el presente? ¿Estamos atrapados por el pasado? ¿Nos inquieta y obsesiona el futuro?

Aunque cada día tiene veinticuatro horas, la vivencia existencial de las mismas difiere considerablemente entre las personas. Hay sujetos que necesitan «matar el tiempo» y otros que no tienen tiempo para nada.

---

[2] CASTELLS, M. (2001). *La era de la información. Vol.I: La sociedad red*. Madrid: Alianza Editorial, p. 507.

Incluso, en una misma persona el tiempo tiene un ritmo distinto. Así, la espera de la persona amada puede hacerse eterna, mientras que las horas que se pasan a su lado, se convierten en segundos.

Cuentan que en cierta ocasión, preguntaron a A. Einstein que explicase la teoría de la relatividad en lo referente a la contracción del tiempo, a lo cual respondió:

> *«Siéntese sobre una estufa durante un minuto y este le parecerá un siglo. Tenga una hermosa joven sobre sus rodillas y una hora le parecerá un minuto».*

Ya los griegos distinguían entre el *Chronos*, con el que se referían al tiempo cronológico, el del reloj, y el *Kairós*, el tiempo existencial que puede ser vivido con calidad en el presente y que está «preñado» de futuro. De ahí que sea importante que pasemos de una visión determinista que provoca seres «marioneta», llevados sin su voluntad, resignados y arrastrados por la vorágine del día a día, a convertirnos en sujetos protagonistas y responsables de la utilización y uso del tiempo.

Así mismo, se puede hablar de *tiempos* correspondientes a diferentes etapas de la vida. Para los niños el tiempo es eterno y transcurre lentamente. A medida que vamos cumpliendo años, el paso del tiempo se agiliza. Para un niño de un año de edad, esa unidad temporal es toda su historia, mientras que para una abuela centenaria, un año es sólo una centésima de su vida. Los poetas saben expresar sabiamente esta experiencia, como afirmaba Jorge Guillén: «*Y se me escapa la vida, ganando velocidad, como piedra en su caída*».

En la misma perspectiva, J. Ortega y Gasset llega a afirmar que quienes existimos en un determinado momento histórico, más que contemporáneos, somos *coetáneos*, ya que vivimos *al mismo tiempo (cronológico)*, pero no en *el mismo tiempo (existencial)*[3].

En definitiva, no es fácil unificar criterios sobre cómo se percibe el tiempo. Ya San Agustín afirmaba que *«creía conocer lo que era el tiempo, pero si se lo preguntaban ya no lo sabía»*. En esta línea, resulta sugerente el poema del poeta mexicano Renato Leduc al que retaron a que escribiera un soneto relacionado con el tiempo. ¿Cómo poder responder airosamente a tal encargo, ya que resultaba casi imposible encontrar consonantes o palabras

---

3 Cfr. ORTEGA Y GASSET, J. (1983). *Meditación de la técnica*. Obras completas, vol.V, Madrid: Alianza Editorial.

que pudieran rimar con *empo*? El duende y la magia del poeta supieron articular un poema en el que no sólo consigue una rima adecuada, sino que logra utilizar magistralmente distintos significados de la misma palabra tiempo. He aquí el resultado:

> *«Sabia virtud de conocer el tiempo;*
> *a tiempo amar y desatarse a tiempo;*
> *como dice el refrán: dar tiempo al tiempo...*
> *que de amor y dolor alivia el tiempo.*
>
> *Aquel amor a quien amé a destiempo*
> *martirizóme tanto y tanto tiempo*
> *que no sentí jamás correr el tiempo,*
> *tan acremente como en ese tiempo*
>
> *Amar queriendo como en otro tiempo*
> *—ignoraba yo aún que el tiempo es oro—*
> *cuánto tiempo perdí —ay— cuánto tiempo.*
>
> *Y hoy que de amores ya no tengo tiempo,*
> *amor de aquellos tiempos, cómo añoro*
> *la dicha inicua de perder el tiempo...»*
>
> *(De «Breve glosa al Libro de buen amor», 1939)*

¿Por qué se plantea el tiempo como problema? ¿Ha ocurrido siempre esta interpretación o es algo propio de nuestra época? ¿Cómo hemos llegado a esta situación?

II
EL NUEVO CONCEPTO DE TIEMPO Y TRABAJO

> «No tenemos nada nuestro, salvo el tiempo,
> del que gozan hasta quienes no tienen
> morada»
>
> (B. Gracián)

II.I. Aproximación a la relación entre tiempo y trabajo

> «Todas las cosas nos son ajenas, sólo el
> tiempo es nuestro»
>
> (Séneca)

Cada sociedad, construye su propio «tiempo» es decir, cada cultura tiene modos de calcular el tiempo así como formas de situarse en un contexto determinado con el objetivo de ir llevando adelante su existencia. Por ejemplo, para los indios Caribe que habitan la Guayana venezolana, el tiempo es la duración de su vida y la de sus antecesores y sucesores así como del diario acontecer: observan los tiempos por las estrellas, los meses los distinguen por las lunas y los días por el Sol.

En la misma perspectiva, en periodos anteriores a la industrialización los tiempos de trabajo guardaban estrecha relación con los ciclos de la naturaleza y de la vida humana. Con el surgimiento y consolidación de las sociedades industriales el tiempo queda mucho más ligado a las necesidades de la producción capitalista. Así, el trabajo remunerado ya no se determinará por las estaciones del año —por ejemplo, teniendo presente la siembra o la cosecha—, ni por la luz solar ya que con el sistema de turnos, se podrá trabajar de día o de noche.

Curiosamente, ambos términos, tiempo y trabajo, han cobrado distintos significados y fruto de esa nueva formulación se han relacionado más estrechamente entre sí. Normalmente, cuando se expresa el malestar por «no tener tiempo», es en relación con una gran cantidad de actividades que se tienen que llevar a cabo, y no necesariamente lúdicas. De ahí que sea tan frecuente asociar la falta de tiempo con la realización de tareas, en la que ocupa un gran apartado la labor profesional.

Estamos estructurados por el trabajo y organizamos todo el tiempo personal y social en función de la actividad laboral. Estar empleado en una determinada empresa constituye la credencial más consistente en la presentación cotidiana. El trabajo se convierte en un *generador de identidad*, ya que aporta la solvencia y credibilidad que el individuo moderno requiere para moverse por los distintos escenarios sociales. Como afirma I. Zubero, *«la inmensa mayoría de los ciudadanos somos lo que trabajamos, más aún, somos porque trabajamos»*[4].

En consecuencia, estar «desempleado» pasa a ser signo de inutilidad al no ser tenido en cuenta por el sistema, porque el parado no resulta rentable o productivo. En la misma línea se puede situar el «trabajo doméstico», que al no tener peso en la cuenta de resultados, ya que no se traduce a cifras monetarias, no se valora. No es raro que también se comience a «culpabilizar» o tachar como «zánganos» y «parásitos sociales», a aquellos que no puedan trabajar o acceder al mercado de trabajo. Fácilmente, se escuchan frases como: «quién no trabaja es porque no quiere», «hoy hay trabajo para todos, ¡mira los inmigrantes!»… Sin plantearse para nada las condiciones laborales de muchas de esas propuestas.

El trabajo no sólo estructura nuestra identidad, «soy profesor», sino que todo el tiempo humano aparece subordinado a la lógica de la racionalidad

---

[4] ZUBERO, I. (2000). «Repensar el empleo, repensar la vida». *Noticias Obreras*, nº 1273, p.21. Cfr. ZUBERO, I. (2000). *El derecho a vivir con dignidad: del pleno empleo al empleo pleno*. Madrid: Ediciones HOAC.

económica. ¡Hasta el ocio tiene que ser útil! De esa manera, el tiempo pasa a ser un recurso escaso, *el tiempo es oro*, y ha de ser lo más productivo posible ya que es la fuente principal de la creación de riqueza. El tiempo se convierte en un medio para obtener «algo externo» —que además debe aportar una cierta utilidad o beneficio— y no para ocuparlo o «perderlo» en el propio sujeto. De ahí que necesariamente haya que hacer distintas actividades para poder «sacarle todo el partido posible» al tiempo.

II.II. En el principio era el ocio

> «No es del trabajo de lo que nace la civilización, sino de los ocios y el juego»
> *(A. Koyré)*

La ocupación laboral ha acompañado al ser humano desde sus orígenes. Desde el principio el hombre ha tenido que actuar sobre la naturaleza para conseguir satisfacer sus necesidades. El trabajo siempre ha estado presente en la existencia humana, sin embargo, lo que ha ido cambiando es la manera de concebirlo y la relación que se mantiene con él a lo largo de la historia.

Tradicionalmente, la valoración positiva de la actividad humana recaía en el ocio, de ahí que el trabajo se planteas como una tarea penosa. Etimológicamente el término trabajo proviene del vocablo latino *tripalium* que se refería al instrumento construido por tres palos que se empleaba para inmovilizar a los animales de carga con el objetivo de poder colocarles las herraduras. Al mismo tiempo, ese yugo era utilizado para torturar a los esclavos que no querían trabajar y servía para inmovilizarlos en una postura muy forzada.

Durante siglos uno de los ideales humanos ha sido conseguir la «civilización del ocio». Incluso a mitad del siglo XX se creía que una nueva sociedad basada en el ocio vendría a reemplazar a la sociedad industrial en decadencia fundada en el trabajo. Sin embargo, ese mito ha sufrido un duro golpe, ¿se ha liberado al hombre del trabajo? No sólo no se ha conseguido abolir el trabajo, sino que en la actualidad este tiene un sentido completamente distinto al de sus comienzos. El trabajo ha dejado de ser un «tripalium» para ocupar un lugar central en nuestra existencia. Así, hemos pasado a vivir como un daño o una gran «tortura» el no tenerlo. ¿Cómo se ha ido produciendo ese cambio?

En el mundo grecolatino el ciudadano libre llevaba una vida de ocio en la que lo principal era la expresión plena de sus «nobles» potencialidades. El trabajo no tenía la misma importancia que hoy día, puesto que se consideraba degradante y por esta razón se reservaba a los esclavos. Cualquier forma de trabajo se oponía a la condición de ciudadano griego o romano. De ahí que el trabajo y el ocio se excluyeran el uno al otro, formaban parte de dos órdenes distintos que no guardaban relación entre sí. Esta relación de exclusión aparece en la propia etimología del término. *Otium* —ocio— se opone a *neg-otium* —negocio, comercio, trabajo— que literalmente sería la «negación del ocio».

En el contexto occidental judeocristiano se mantiene con algunas modificaciones esta distinción. Por ejemplo, en las Partidas de Alfonso X el Sabio se describe la sociedad segmentada en tres estadios: *los defensores* —los guerreros—, *los oradores* —los sacerdotes— y *los labradores* —los trabajadores en la concepción actual—. Es decir, en la Europa medieval se distinguían tres categorías de trabajo:

- *El trabajo noble*, que se llevaba a cabo a través de acciones relacionadas con la guerra o con los servicios religiosos, propio de los caballeros y el clero.

- *Actividades intermedias*. En sí no consideradas como trabajo, integradas por las artes, oficios y trabajos liberales, desempeñadas por artesanos, maestros en oficios, etc.

- *El trabajo servil y manual* desarrollado por los labradores y los jornaleros.

En esta línea, hay que destacar la rígida disciplina que regía la vida monástica benedictina, la cual se plantea como el verdadero punto de arranque de la contabilización del tiempo moderno. El toque de la campana fijará una regularidad en los hábitos de dicha orden y de esa manera el principal mandato, *Ora et Labora*, incidirá en la estructuración del horario. A su vez, se tendrá muy en cuenta la luz solar en las diversas estaciones para conseguir un equilibrio entre el trabajo, la meditación, la oración y el descanso.

II.III. Comienza el negocio

> *«El tiempo es la medida de los negocios,*
> *como el dinero lo es de las mercancías»*
> *(F. Bacon)*

Se suele afirmar que el tiempo industrial aparece en la primera mitad del siglo XIV, cuando el 24 de abril de 1355 el monarca Felipe VI concedió a la Alcaldía de Amiens la facultad de señalar por medio del toque de una campana las distintas horas que marcaban las ocupaciones del día: el inicio del trabajo, el descanso para comer, la vuelta a la labor y el final de la misma. Es así como irá irrumpiendo lentamente un tiempo nuevo mecánico: el tiempo de la actividad laboral que desplaza al de la naturaleza[5]. En la misma perspectiva M. Castells afirma que *«la modernidad puede concebirse, en términos materiales como el dominio del tiempo del reloj sobre el espacio y la sociedad»*[6].

Para propiciar ese cambio es fundamental la elaboración de una nueva concepción del trabajo. La distinción entre trabajos dignos e indignos permanece hasta los siglos XVII y XVIII en cuyo momento comienza a plantearse el trabajo como una actividad no sólo aceptable sino que incluso se percibe como un *deber* que se extiende a la totalidad de los miembros de la sociedad. De tal manera, que *el trabajar se convierte en una responsabilidad y adquiere un componente moral*. Se podría afirmar que será la burguesía la primera clase dominante para la que el trabajo se convierte en un valor.

Desde los estudios de Max Weber se resalta a la ética protestante como causa determinante del auge de ese modo de pensar. En su obra *La ética protestante y el espíritu del capitalismo*, Weber se cuestiona por qué el capitalismo adquiere un desarrollo especial y casi exclusivo en determinados países occidentales. A lo largo de los siglos las distintas potencias, por ejemplo China o el imperio Otomano, habían intentado acumular el mayor número de riqueza y poder. ¿Por qué ahora es diferente? Para Weber en el gran desarrollo económico de Occidente aparece un componente distinto: *la actitud hacia la acumulación de riqueza*. Es lo que denomina *el espíritu del capitalismo*, ese conjunto de creencias y valores que poseían los primeros industriales y comerciantes capitalistas.

---

5 Cfr. CROSBY, A.W. (1997). *The measure of Reality: Quantification and Western Society, 1250-1600*. New Cork: Cambridge University Press.

6 CASTELLS, M. (2001). *La era de la información. Vol.1: La sociedad red*. Madrid: Alianza Editorial, p.510.

Según esta mentalidad económica, *la creación de riqueza se convierte en un imperativo moral*. El objetivo de estos primeros capitalistas no será el acumular bienes para dilapidarlos en la ostentación o el lujo individual, sino para reinvertir en nuevos proyectos que creen más riqueza. ¿Cómo se llega a esa conclusión? Para el creyente protestante la actividad económica pasa a ser un medio a través del cual se expresa la bendición de Dios y con el que se lleva a la práctica su vocación humana. Es decir, la idea de predestinación calvinista se realiza en el mundo mediante la prosperidad económica: el que alguien haya sido elegido por la divinidad se hace visible a través del éxito en la actividad mercantil.

De esa manera, se produce una transferencia de la *eficacia* de la fe a la *eficiencia* en el negocio. Las vocaciones que antes se podrían expresar en *la fuga mundi*, el abandono del mundo, por ejemplo en la austeridad de la vida monástica, se concretan ahora en la multiplicación y obtención de beneficios económicos. Max Weber lo resume magistralmente en el siguiente texto:

*«No es el ocio y el disfrute **sino la actividad** la que sirve para aumentar la gloria de Dios, según su voluntad inequívocamente revelada. Así que el primero y el más grave de los pecados es el **desaprovechamiento del tiempo**. La vida es muy corta y preciosa para "asegurar" la propia llamada. La pérdida de tiempo por hacer vida social, por "cotillear", por el lujo, incluso por dormir más de lo necesario para la salud —de seis a ocho horas como máximo— es absolutamente reprobable desde el punto de vista moral. No se llega a decir como en Franklin, "el tiempo es dinero", pero esta frase vale en cierta manera en un sentido espiritual: el tiempo es infinitamente valioso, porque cada hora perdida se le sustrae al trabajo para la gloria de Dios. Por este motivo, tampoco tiene valor y en ciertos casos es expresamente reprobable la contemplación inactiva, al menos, cuando se realiza a costa del trabajo profesional, pues le agrada **menos** a Dios que cumplir activamente su voluntad en la profesión»*[7]

La hipótesis weberiana ha recibido fuertes críticas, por ejemplo, se le cuestiona el no tener en cuenta al componente judío en la mentalidad capitalista o no resaltar la importancia de los mercaderes italianos, que eran católicos, en el desarrollo comercial y en el auge de las primeras instituciones bancarias.

---

7 WEBER, M. (2004). *La ética protestante y el espíritu del capitalismo*. Madrid: Alianza Editorial, pp. 197-199.

¿No trabajaban los creyentes católicos anteriores a la aparición del modelo capitalista? La Historia demuestra que sí, pero según Weber su actitud hacia el trabajo era muy distinta. Durante siglos, el trabajo no tenía un componente moral más allá de *te ganarás el pan con el sudor de tu frente*. Puesto que la tierra no era el paraíso descrito en el Génesis, el trabajo se imponía como una realidad inevitable. Sin embargo, sólo aparecía como una necesidad externa, no como un impulso o responsabilidad interno. El objetivo era trabajar el tiempo necesario para llevar un nivel de vida básico pero ni un minuto más. En el protestantismo, sobre todo en su versión calvinista, el trabajo pasa a ser una cuestión moral, un modo de vencer la duda y la angustia religiosa. Así, el éxito mercantil se convierte en señal de la salvación del alma.

A pesar de los cuestionamientos, no hay que pasar por alto el enfoque de M. Weber. Durante muchos años, en diversos contextos culturales se ha planteado como «ideal» un culto desproporcionado por el trabajo que eliminaba cualquier resquicio de actividad lúdica. Llevando al extremo esa postura se puede caer en algunas afirmaciones «patológicas». Por ejemplo, en la verja de entrada del campo de concentración de Mauthausen se podía leer el texto siguiente: *El trabajo os hará libres*. De todos es conocido que para nada liberó aquel tipo de actividad.

II.IV. El tiempo como recurso escaso: "*TIME IS MONEY*"

«Recuerda que el tiempo es dinero»
(B. Franklin)

La Revolución Industrial convirtió al trabajo en un valor social dominante. Se podría afirmar que la Revolución Industrial creó a *los propietarios del tiempo*: los empresarios capitalistas que poseían fábricas y que organizaron las normas laborales y horarias que empezaron a regir los ritmos de la vida. El reloj, como símbolo del tiempo cronometrado, se establecerá como instrumento de regulación y control del tiempo industrial, y a su vez, condicionará el resto de los tiempos de ocio y trabajo: la vida familiar deberá adaptarse a la jornada del nuevo trabajo remunerado[8].

---

[8] Así, los primeros relojes mecánicos —siglo XIII— serán de una sola aguja, pues sólo marcaban las horas. La manecilla de los minutos se añadirá en los relojes mecánicos a partir del s. XIV y la manecilla de los segundos aparecerá en el s. XVIII, en paralelo con el desarrollo industrial que impondrá el tiempo industrial ajeno a los ciclos naturales.

Desde la perspectiva capitalista, *el tiempo de trabajo se convierte en la fuente de obtención de beneficio y riqueza*, por ello se comienza a considerar como *un recurso escaso* y en consecuencia, no es extraño que se mercantilice y traduzca a dinero. De ahí, que se ponga el acento en la productividad y la eficiencia, con el objetivo de «administrar» el tiempo para conseguir ser más rentables y ahorrar tiempo que será sinónimo de mayor beneficio.

En la misma línea, el planteamiento marxista, también atribuirá al trabajo un significado positivo, construyendo *una ética secularizada del trabajo*, orientada a demostrar la superioridad del sistema productivo socialista. Así los primeros socialistas, por ejemplo Saint-Simon, condenarán el ocio y tendrán una visión sumamente «economicista»: la ociosidad constituye un crimen contra la sociedad y contra todos aquellos que la integran. Para él, sólo el desarrollo de las fuerzas económicas productivas podrá proporcionar las bases para una sociedad igualitaria. De ahí que para asegurar ese desarrollo, deba separarse la producción del consumo inmediato y dedicar ese ahorro a nuevas inversiones productivas que generen una riqueza suficiente para permitir una repartición equitativa en un futuro. No podemos olvidar que estamos en el entorno de *la pura utopía socialista*.

En consecuencia, ambos enfoques, el capitalista y el marxista, coincidirán en situar al trabajo en el centro de la vida social. La productividad y la eficacia configurarán el sistema de valores de estas sociedades. Su mensaje es claro: *sólo con el trabajo se puede conseguir el éxito personal y el bienestar social*.

Este contexto crea un caldo de cultivo idóneo para que distintos autores, por ejemplo, Weber, Taylor, Fayol, comiencen a elaborar nuevos planteamientos organizativos. Incluso al enfoque taylorista se le denominó, quizá con cierto elemento pretencioso, *Organización Científica del Trabajo* ya que se pretendía crear un sistema en el que de manera «científica» las diversas secciones de la empresa intentarían alcanzar su cota más alta de perfección y rendimiento, con el objetivo de que cada trabajador realizara su tarea con la mayor eficacia posible.

Por tanto, la prosperidad dependía de la productividad y la nueva ciencia estaba destinada a buscar los medios más adecuados para aumentar la eficiencia. El «management» debía optimizar la ejecución reduciendo todos los tiempos improductivos del proceso de trabajo y así alcanzar la mejor forma de realizar las tareas: *one best way*. Uno de los instrumentos básicos para conseguir tal fin sería el control de los tiempos de trabajo. La fábrica bien sincronizada funcionaría como un perfecto mecanismo de relojería. Incluso, el «cronómetro» más que el reloj comenzó a dictar los ritmos de vida y trabajo. Un autor norteamericano lo expresa de manera contundente:

«Bajo el taylorismo "el cronómetro es el equivalente del látigo". Así como un látigo corta el aire y la piel para disciplinar el trabajo, el cronómetro de Taylor corta y divide el propio tiempo para imponer la presunta organización lógica y científica del trabajo a los movimientos humanos.»[9]

De ahí que no resulte extraño que el taylorismo se adaptara oficialmente en la Unión Soviética, cuando inició su caminar el régimen socialista. En 1918, Lenin propuso medidas urgentes para elevar la disciplina laboral y la productividad, entre las que apostó por la aplicación de lo «mucho que había de científico» en el sistema de Taylor. En esta línea se puede entender que una de las primeras encuestas sobre el «uso del tiempo» fuese realizada en Moscú en 1924 con el objetivo de «planificar mejor» la tutela del Estado sobre la sociedad, o mejor dicho, para controlar el tiempo libre de sus súbditos.

Casi en la misma época, en Estados Unidos se desarrolla la organización del trabajo en cadena. Con este sistema, H. Ford consigue que las tareas se ajusten al minuto y se adjudiquen a los trabajadores que están asignados a puestos fijos a lo largo de la cadena. Así la máquina, al realizar las tareas de abastecimiento, elimina los tiempos muertos, ya que los obreros no tienen que desplazarse. El individuo se convierte en una pieza más de la máquina. Charles Chaplin en 1936 refleja magistralmente esta situación en la película *Tiempos modernos*. Con su tono irónico el film comienza con el siguiente eslogan: *La cruzada de la humanidad hacia el mundo feliz* e inmediatamente se funde la imagen de un grupo de trabajadores camino de la fábrica, con la de una «piara de cerdos» que se supone que caminan en la misma dirección.

Como afirma un autor clásico, L. Munford, *«el reloj, no la máquina de vapor, es la máquina-clave de la moderna edad industrial»*[10]. El tiempo se convierte en el principal criterio de rentabilidad ya que la secuencia de movimientos precisos en la ejecución de una tarea y su duración será la medida utilizada para conocer el ritmo de trabajo. No se trata únicamente

---

9 O'MALLEY, M. (1992). «Standard time, narrative film and American progressive politics» *Time and Society*, 1, p. 196.

10 MUNFORD, L. (1972). *Técnica y civilización*. Madrid: Alianza Editorial, p. 31.

de cronometrar la actividad, sino que el planteamiento que surge a partir de Taylor, logra responsabilizar del gasto del tiempo al trabajador. De ahí que su despilfarro y ahorro marcarán las diferencias salariales en forma de pluses o sanciones.

II.V. ESCLAVIZADOS POR EL TRABAJO Y DEVORADOS POR EL TIEMPO

> *«El hombre ha sido creado para trabajar,*
> *no para especular, ni sentir, ni soñar»*
> *(Th. Carlyle)*

Con el incremento de la producción industrial se impone el trabajo asalariado en las fábricas. Se produce un éxodo rural y se transforman las condiciones de vida. Los campesinos pasan del trabajo discontinuo en el campo, ya que se trabajaba según los ciclos de la naturaleza, al desempeño del trabajo en cualquier momento del día en las ciudades, con lo cual, lo mismo se puede trabajar de día que de noche, en invierno o en verano.

Hasta ese momento, como describía F. Engels en 1845 en su estudio sobre *La situación de la clase obrera en Inglaterra*, los tejedores, por ejemplo, no estaban esclavizados por el trabajo. Así no necesitaban trabajar demasiado, tenían su autonomía para organizar su trabajo y su tiempo libre, ya que podían tejer lo que quisieran y cuando les apetecía se dedicaban a otros menesteres.

Los tejedores eran dueños de su tiempo, se adaptaban a las circunstancias si llovía por ejemplo, podían trabajar más y si hacía buen tiempo, se planteaban ir de pesca u otras ocupaciones. En esta línea se puede entender la costumbre del fenómeno conocido como *San Lunes,* que en lo fundamental consistía en alargar el descanso dominical hasta el lunes. Práctica conocida desde el siglo XVII en algunos países, por ejemplo, en Francia e Inglaterra, y que pervive durante el XVIII, hasta que desaparece en el siglo XIX por culpa de la industrialización. Además de *la propiedad del tiempo*, lo que es fundamental es que los tejedores *controlaban el proceso de fabricación*: producían los tejidos y los vendían a comerciantes ambulantes.

Con la Revolución Industrial las máquinas arrebatan el proceso de producción a los sujetos. El trabajador por cuenta propia pasa a trabajar por cuenta ajena. En conclusión, el trabajo empieza a ocupar un lugar central y aumenta su presión sobre el individuo, de manera que éste pierde su autonomía ante el tiempo y el trabajo y ya no tiene ni un momento para el ocio. El trabajo se convierte en *el valor fundamental del sistema social.*

No es extraño que surgieran posturas que reaccionarán contra esta situación. Algunas intentarán solucionar el problema de raíz, por ejemplo los ludditas y otros propondrán alternativas menos radicales, como el planteamiento de P. Lafargue, yerno de K. Marx, que expone en su libro, *El derecho a la pereza.*

- *El movimiento luddita* surge en 1811, cuando una serie de cartas y proclamas firmadas por Ned Ludd, Capitán Ludd, precedieron y acompañaron los ataques a las maquinarias en los distritos de Nottingham (Inglaterra) transmitiendo la idea de que existía un «ejército de reparadores», de los males que el pueblo estaba sufriendo. Las máquinas destruían su calidad de vida y los amenazaban con debilitarlos y reducirlos a meros autómatas. Los ludditas llevaron a cabo una campaña planificada de eliminación de las máquinas y otras acciones entre 1811 y 1813 y desaparecieron tras una brutal represión que se inicia en 1812. He aquí un texto que refleja el momento histórico que se vivía:

    «Tenemos que trabajar de catorce a dieciséis horas diarias, y con todo este sudor y esfuerzo no somos capaces de proporcionar los medios de vida suficientes para subsistir. Cuando salimos del trabajo ya de noche nuestra capacidad sensorial se encuentra extenuada por la fatiga...No tenemos tiempo para ser sensatos, ni tiempo libre para ser buenos; estamos hundidos, deprimidos, castrados, enervados por el esfuerzo; incapaces de virtud, sin fuerzas para nada que se suponga beneficioso para nosotros en el presente o en cualquier periodo futuro.»[11]

En la misma línea, resulta curioso que hasta los «enemigos» de Inglaterra describiesen las condiciones de trabajo inglesas como un castigo insufrible. Stendhal llega a afirmar que:

«El trabajo exorbitante y abrumador del obrero inglés nos venga de Waterloo y de las cuatro coaliciones. Nosotros hemos enterrado

---

11 SALE, K. (1996). *Rebels against the Future*. London: Quartet Books, pp. 45-46.

a nuestros muertos, y nuestros supervivientes son más felices que los ingleses»[12].

- Desde otra perspectiva, P. Lafargue en *El derecho a la pereza*, publicado en 1884, exhorta a los obreros a que reduzcan por su propia voluntad sus horas de trabajo y que reivindiquen el «derecho a la pereza». El autor insinuaba que el gran error del movimiento obrero había sido reivindicar trabajo. De ahí que aconsejaba cambiar las tornas y apuntar las proclamas hacia una pereza en pro de la justicia social. Así, los burgueses se verán obligados a trabajar para garantizar la rentabilidad de su capital.

  Lafargue no entiende el derecho a la pereza como una llamada a la diversión. La pereza será sinónimo de autocontrol de las horas de trabajo, al disminuirlas se utilizará como un arma subversiva para combatir las desigualdades sociales que se traducen en el ocio de unos y el exceso de trabajo para los demás.

  Es decir, no invita a la vagancia, sino que lo concibe como una manera de darle al capitalista donde más le duele. ¿Para qué trabajar más? ¿Quién se beneficia y enriquece con ese trabajo? Si se trabaja menos pueden plantearse diversas alternativas: o bien el empresario se pone manos a la obra para no perder su beneficio; o bien mejora las condiciones laborales para que no se les vayan sus empleados. Algo de esto sucedió en la práctica con H. Ford, cuando los trabajadores comenzaron a abandonar las fábricas ya que pretendían una mejor calidad de vida y ello provocó la subida de los sueldos con el objetivo de retenerlos.

A partir de entonces, se comienzan a generalizar las protestas laborales. La negociación sindical se centrará en ir consiguiendo mejores condiciones de trabajo, entre las que destaca la disminución de la jornada laboral. La lucha será dura hasta conseguir la reducción sintetizada en las *tres ochos*, así el día se estructurará en ocho horas de trabajo, ocho de ocio y ocho de descanso. Con ello, se intentará crear unas condiciones adecuadas para que se pueda llevar a la práctica la hipótesis de una más factible emancipación obrera por la vía de la educación y la cultura. Objetivo que no siempre va a ser fácil de conseguir.

---

12 STENDHAL. (1975). *Recuerdos de egotismo*. Madrid: Alianza Editorial, p. 363.

No olvidemos que algunas de las fechas simbólicas que recuerdan estas efemérides, por ejemplo el ocho de marzo, Día de la Mujer Trabajadora, o la festividad del Primero de Mayo, tienen su origen en la petición de un horario laboral más justo. A través del control del tiempo de trabajo se pretendía, también, controlar la totalidad de la vida de los asalariados. Curiosamente los trabajadores en Inglaterra en las revueltas entre 1820 y 1830 simbolizan su rabia, lanzando y destrozando los relojes sobre las puertas de las fábricas en protesta por el «robo de su tiempo».

En conclusión, la eficiencia económica se asocia a los procesos de racionalización y control del tiempo. El ideal será ser más eficientes, lo cual se entiende como conseguir realizar un mayor número de actividades en menos tiempo. Fórmulas mágicas no existen y de ahí que repercuta directamente esa «eficiencia» en el ser humano. No es extraño que poco a poco se vaya produciendo la evolución hacia una sociedad «abierta» las 24 horas y por tanto, hacia un *individuo disponible* en cualquier momento.

II.VI. Vuelta a los orígenes: ¿Hacia una sociedad del ocio?

> *«La vida contemplativa, la vida que tiene por objeto, no el hacer, sino el ser, y no el ser solamente, sino el llegar a ser, es la que puede darnos el espíritu crítico. Los dioses viven así»*
>
> *(O. Wilde)*

Ante la exaltación del trabajo como valor prioritario en la sociedad, el ocio adquirirá componentes negativos. Así, tanto para los capitalistas como para los socialistas, *el ocio pasará a ser un mal social* y se cargará de una connotación despectiva y peyorativa. ¿Cómo podrá recuperar una dimensión social positiva? A través de dos procedimientos:

a) Cuando se plantea como *descanso* y reposición necesaria para seguir posteriormente realizando el trabajo.

b) Cuando se carga de cierta *utilidad*, así se comienza a identificar el ocio con el negocio. Es decir, el ocio se asocia al consumo y se integra en los mecanismos del «mercado» con lo cual empezará a regularse por pautas mercantiles.

La primera obra dedicada expresamente al ocio fue la *Teoría de la clase ociosa* que T. Veblen escribió en 1899. Ya en este análisis el autor muestra la manera como están ligados el ocio y el consumo. Para Veblen el ocio ha dejado de ser una disposición humana unida a un determinado origen en la sociedad. Es decir, no es algo propio de una clase social, en este caso la antigua nobleza o aristocracia que, a su vez ya se encuentra liquidada. Sin embargo, en la sociedad industrial la burguesía, que es la que obtiene y se beneficia del éxito económico, quiere imitar a los antiguos aristócratas y es a través del ocio-consumo como puede realizarlo. De esa manera, el ocio y consumo ostentoso serán la mejor evidencia externa de la pujanza pecuniaria.

El autor plantea dos tipos de consumo:

- Por un lado, *el consumo vicario*, con el que se produce una imitación simbólica, por la cual a través del consumo la burguesía del siglo XIX imita a la antigua nobleza.

- Por el otro, *consumo ostentoso*. El ocio se identifica con el consumo desenfrenado de artículos de lujo o de objetos inútiles que sólo tienen el valor del alto precio que se ha pagado por ellos. El burgués no consume por sí mismo sino para demostrar a los demás su nueva condición.

Así, el ocio se plantea como *símbolo de clase*, por ejemplo practicar la caza o determinados deportes, y como consumo desproporcionado de objetos que supuestamente brindan nuevas satisfacciones y que obedecen a la preocupación de establecer una distinción social, «estar a la última o a la moda», con el objetivo de llamar la atención y ser reconocido socialmente. En consecuencia, a partir del consumo se intenta conseguir más estima, «valer socialmente más», o evitar el «no ser menos».

De esa manera, se va esbozando un *planteamiento mercantil del ocio*. El ocio se asocia a consumo. El tiempo libre pasivo se entenderá como «tiempo estéril» y el ocio inactivo que no implique gastos será improductivo para el mercado. El ocio se irá convirtiendo en tiempo libre al servicio de la producción y funcionará según el principio de eficiencia. Poco a poco, se irá desarrollando toda una industria del ocio que, por ejemplo en el caso de España, engloba a una importante masa laboral.

¿Vamos hacia una sociedad del ocio? Fruto de los avances técnicos y de la negociación colectiva se irá consiguiendo ampliar el tiempo de ocio. Por ejemplo, el número de horas trabajadas pasará de 80 horas semanales en el inicio de la Revolución Industrial a las 40 horas de media actual. De ahí que algunos autores vislumbrasen una sociedad de ocio o el fin del trabajo. Para Ch. Handy, el porvenir del trabajo humano será incierto y por ello apostará por un *futuro ocioso*[13]. En la misma línea, J. Rifkin describe a las sociedades avanzadas como sociedades del *fin del trabajo*, ya que las nuevas tecnologías sustituirán al trabajo humano y nos desplazaremos a una sociedad donde no habrá productores sino consumidores y el ocio será «generalizado»[14].

De nuevo, el acontecer diario demostrará que las teorías van por un lado y la realidad por otro. Así, podemos comenzar a intuir que el *círculo virtuoso* —mejora en el control del tiempo y mayor calidad de vida—, se comenzará a convertir de nuevo en *círculo vicioso* —pérdida de tiempo libre y aumento de la actividad laboral.

Al aumentar los gastos por consumir más es necesario trabajar en mayor proporción para conseguir ingresos con los que poder adquirir un número significativo de bienes y servicios. J. Schor acuñará el término de *clase ociosa apresurada*, con el que expresa la experiencia de cómo el ocio se comprime cada vez más, en tiempos sucesivamente limitados, por lo que será necesario trabajar más para lograr un mayor consumo en menos tiempo[15].

Serán estas clases de «ocio apresurado» las que emplean su escaso tiempo libre en un consumo intenso que les proporcione los signos adecuados para mantener su posición distintiva ante el resto de la sociedad. Es tal la «miopía mental» del hombre contemporáneo que hasta transforma el tiempo de vacaciones en un acontecimiento estresante.

A veces, la realidad supera a la ficción y es fácil, por ejemplo, encontrar ofertas de viajes organizados para aprovechar cualquier pequeño resquicio de tiempo: un puente o fin de semana. Así, los circuitos turísticos son «fabulosos»: desayunas en París, tras una parada para estirar las piernas en Ginebra, se culmina la jornada con una estupenda cena en Roma. ¿Dónde puedes realizar el sueño de conocer Europa en tres días? Los alemanes han creado una nueva palabra, *freizeitstress*, que se traduce como «estrés del tiempo libre», para explicar esa situación. De ahí que comiencen a organizar talleres para poder tomarse las vacaciones con calma.

---

13 Cfr. HANDY,Ch. (1986). *El futuro del trabajo humano*. Barcelona: Ariel.

14 Cfr. RIFKIN, J. (1996). *El fin del trabajo*. Madrid: Paidós.

15 Cfr. SCHOR, J. (1991). *The overworked american. The unexpected decline of leisure*. New York: BasicBooks.

He aquí algunos textos de Bertrand Russell escritos en 1932 con el título *Elogio de la ociosidad*, donde se plasmaba ya la necesidad de reflexión y cambio:

Como casi toda mi generación, fui educado en el espíritu del refrán «la ociosidad es la madre de todos los vicios». Niño profundamente virtuoso, creí todo cuanto me dijeron, y adquirí una conciencia que me ha hecho trabajar intensamente hasta el momento actual. Pero, aunque mi conciencia haya controlado mis actos, mis opiniones han experimentado una revolución. Creo que se ha trabajado demasiado en el mundo, que la creencia de que el trabajo es una virtud ha causado enormes daños y que lo que hay que predicar en los países industriales modernos es algo completamente distinto de lo que siempre se ha predicado...

Si el asalariado ordinario trabajase cuatro horas al día, alcanzaría para todos y no habría paro —dando por supuesta cierta muy moderada cantidad de organización sensata. Esta idea escandaliza a los ricos porque están convencidos de que el pobre no sabría cómo emplear tanto tiempo libre...

Antes había una capacidad para la alegría y los juegos que hasta cierto punto ha sido inhibida por el culto a la eficiencia. El hombre moderno piensa que todo debería hacerse por alguna razón determinada, y nunca por sí mismo. Las personas serias, por ejemplo, critican continuamente el hábito de ir al cine, y nos dicen que induce a los jóvenes al delito. Pero todo el trabajo necesario para construir un cine es respetable, porque es trabajo y porque produce beneficios económicos. La noción de que las actividades deseables son aquellas que producen beneficio económico lo ha puesto todo patas arriba...

Cuando propongo que las horas de trabajo sean reducidas a cuatro, no intento decir que todo tiempo restante deba necesariamente malgastarse en puras frivolidades. Quiero decir que cuatro horas de trabajo al día deberían dar derecho a un hombre a los artículos de primera necesidad y a las comodidades elementales en la vida, y que el resto de su tiempo debería de ser de él para emplearlo como creyera conveniente...

Sobre todo, habrá felicidad y alegría de vivir, en lugar de nervios gastados, cansancio y dispepsia. El trabajo exigido bastará para hacer del ocio algo delicioso, pero no para producir agotamiento... Los hombres y las mujeres corrientes, al tener la oportunidad de una vida feliz, llegarán a ser más bondadosos y menos inoportunos y menos inclinados a mirar a los demás con suspicacia. La afición a la guerra desaparecerá en parte por la razón que antecede y en parte porque supone un largo y duro trabajo para todos. El buen carácter es, de todas las cualidades morales, la que más necesita el mundo, y el buen carácter es la consecuencia de la tranquilidad y la seguridad, no de una vida de ardua lucha. Los métodos de producción modernos nos han dado la posibilidad de la paz y la seguridad para todos; hemos elegido, en vez de esto, el exceso de trabajo para unos y la inanición para otros. Hasta aquí, hemos sido tan activos como lo éramos antes de que hubiese máquinas; en esto, hemos sido unos necios, pero no hay razón para seguir siendo necios para siempre»[16].

---

16 Cfr. RUSSELL, B. (1986). *Elogio de la ociosidad*. Barcelona: Edasa.

III
EL CULTO A LA PRISA: «LA VELOCIDAD ES BELLA»

«Vivimos no en una época de cambios, sino
en un cambio de época»
(Leonardo da Vinci)

III.I. El miedo al cambio: «El shock del futuro»

«En mi mundo cuando se corre, se cambia
de lugar —explica Alicia, a lo cual la Reina
exclama— ¡Vuestro país es muy lento! Aquí,
como ves, hay que correr lo más rápido posible
para permanecer en el mismo lugar.»
(L. Carroll)

Ya nos decían los clásicos que todo fluye, así nadie podía bañarse dos veces en el mismo río. El cambio es algo inevitable en nuestras vidas, no es sólo una parte esencial de la vida, sino la vida misma, ya que sin renovación no hay desarrollo ni crecimiento. La existencia humana es evolución, transformación, movimiento y cambio. Tras cualquier experiencia, una persona «es el mismo pero no es lo mismo», hay algo que ya no será como antes. De ahí que se pudiera afirmar que *lo único que permanece estable es el cambio*.

El mundo gira y como dice la Dama de Corazones a Alicia, es necesario moverse muy deprisa para poder estar en el mismo sitio. De tal manera que aquél que se negase a avanzar y se quedase parado perdería su ubicación en el orbe. Afirmaba J.A. Marina que *«la vida es como una bicicleta, ambas necesitan estar en movimiento para mantenerse en pié»*.

Sin embargo, hay que dejar claro como apuntaba H.R. Thoreau que *«las cosas no cambian; cambiamos nosotros»*. ¿Cómo afrontamos los cambios? A pesar de la evidencia, el cambio nos da miedo e incomoda. Somos animales de costumbres y cualquier alteración que nos haga salir de nuestro círculo de seguridad, nos desestabiliza. Suelo afirmar que *«el único cambio que aceptamos es el de los pañales, y es porque no podemos protestar»*.

El cambio provoca malestar y se puede reaccionar con diversas posturas. Describimos diferentes *tipologías ante el cambio*:

a) **Posturas de rechazo**. El cambio se vivencia como una amenaza y se reacciona con conductas defensivas. Desde esta actitud se plantea un ataque frontal a cualquier cuestionamiento que rompa el *status quo* o la situación tradicionalmente establecida. En el fondo subyace una gran inseguridad personal. Se vive una situación de desastre, desintegración y caos, que crea tensión y sensación de impotencia. De ahí que ante el peligro que supone el cambio, el sujeto se agarre a todo aquello que le pueda dar seguridad y le posibilite una buena estructuración de su realidad.

- *Los fundamentalistas: Síndrome neoluddita o talibán*. Parten de una premisa fatalista según la cual se da por supuesto que la Humanidad camina hacia su autodestrucción. Ante ese escenario «aterrador», no es raro que se ofrezcan «soluciones liberadoras» drásticas. Algunos, bajo el síndrome neoluddita, incluso llegan a actuar con comportamientos agresivos y son capaces de eliminar cualquier atisbo de innovación. Responden al principio de que «quien no está conmigo, está contra mí» y en consecuencia «debe ser destruido antes de que nos destruya».
- *La cofradía del «santo reproche»*. Son aquellos nostálgicos del pasado, que se aferran al ayer, lamentándose de lo que se ha perdido y añorando la seguridad de lo que tradicionalmente ha estado establecido. «Ya no es como antes, ¡antes sí que vivíamos bien!».
- *Los tradicionalistas*. Apoyan y refuerzan todo aquello que potencie el *status quo* y ayude a no plantearse ninguna postura crítica. Sólo

habría que seguir realizando lo que se ha hecho siempre: «Todo está escrito y claro desde hace años. «¿Si ha funcionado durante siglos, ¿por qué tiene que cambiar?». Una consecuencia de esta actitud es el abuso de posturas autoritarias y fundamentalistas.

Dichos extremismos son fiel reflejo de la experiencia de *haber perdido el tren de la historia*. Podríamos afirmar que están utilizando un medio inadecuado, ya que quieren seguir haciendo el viaje de la vida en un vehículo en el que *el espejo retrovisor es más grande que el cristal delantero*. El retrovisor es imprescindible para observar, controlar y aprender del pasado, pero si sólo se tienen los ojos puestos en lo que dejamos atrás, se convierte en un lastre que impide cualquier tipo de avance.

b) **Posturas de aceptación**. Para otros, la Historia es una progresión permanente hacia algo mejor y de ahí que el avance sea signo de estar vivos.

- *Los neoprometeos*. Algunos con una actitud prometeica de la existencia, a través del esfuerzo y trabajo humano, acompañado de los avances científicos, esperan superar lo más rápidamente posible todas las dificultades: «La ciencia nos salvará de todos los males y ayudará a la búsqueda de un mundo feliz». Serían «optimistas desmesurados».
- *Los neofilios o amantes de lo nuevo*. Aceptan sin cuestionar cualquier innovación. Presentan una visión ingenua ante lo nuevo: «Todo es bueno por el mero hecho de ser novedoso». Lo importante es «estar a la última».
- *Los realistas-pragmáticos*. Ponen ciertas reservas con el intento de «asegurar» los avances. Tras las diversas experiencias de la vida, el ser humano se puede convertir en un «optimista escarmentado», que aunque anhela la utopía, tiene los pies en la tierra: «despacito y con buena letra».

De alguna u otra manera, el cambio supone lo que A. Toffler describía como el *shock del futuro* y que se asemeja al impacto cultural que sufre el visitante no preparado al verse inmerso en una cultura extraña[17]. Este

---

17 Cfr. TOFFLER, A. (1973). *El «shock» del futuro*. Barcelona: Plaza & Janés.

shock ante el futuro provoca desorientación por el ritmo excesivamente acelerado del cambio en la sociedad.

En otra obra clásica, A. Toffler utiliza la metáfora de las *olas* que chocan entre sí para reflejar la agitación de nuestro tiempo[18]. Con este símil se intenta explicar la tensión y los conflictos inherentes a los cambios que han sido representativos en la historia de la Humanidad. Para Toffler los nuevos cambios irrumpen con una fuerza inusitada. La aceleración de la Historia llega a alcanzar velocidades de vértigo. Describimos las tres olas representativas:

a) Primera ola: la revolución agrícola. Comenzó hacia el año 8000 a. de C. y desarrolló su primacía hasta los años 1650-1750 de nuestra era. La agricultura es el principal medio de producción. La familia es extensa y acoge a las distintas generaciones —abuelos, padres, parientes—. El tiempo tiene sus ritmos y todo se repite cíclicamente: por ejemplo, las cosechas o las estaciones. La sociedad está estructurada en nichos que son independientes unos de otros: señores, nobles, clérigos y pueblo. El trabajo era propio del pueblo y las clases nobles vivían para el ocio. Todo está atado y bien atado, para funcionar lo único que hay que hacer es mantener los valores tradicionales o la costumbre.

b) Segunda ola: la civilización industrial. Comienza en el siglo XVIII con la Revolución Industrial y ejercerá su influencia hasta la mitad del siglo XX. La revolución industrial aumenta la producción de bienes y posibilita que los productos lleguen a más gente. Al aumentar la demanda de mano de obra, comienza un éxodo desde las zonas rurales a las ciudades. Se concentra a los trabajadores en las fábricas y se aleja el trabajo del hogar. Aparecen nuevos ricos o personas que tienen dinero y poder. La cultura se hace de masas. La vivencia del tiempo se transforma en progresiva y lineal: todo está por hacer y se vive un espíritu prometeico, de manera que con los nuevos avances científicos y el desarrollo industrial, la sensación de progreso se acrecienta. En lo social se inicia la lucha por la emancipación y las nuevas libertades: aparecen los derechos fundamentales o humanos. La familia deja de ser extensa y se reduce a la pareja e hijos.

---

18 Cfr. TOFFLER, A. (1981). *La tercera ola*. Barcelona: Plaza & Janés.

c) Tercera ola: la sociedad postindustrial. Para A. Toffler este punto de inflexión histórico se podría situar en los años cincuenta del siglo XX, la década en que el número de empleados y trabajadores de servicios superó por primera vez al de los obreros manuales. Se impone el manejo de la información. Las distancias se reducen. La visión del mundo es global, pero a su vez, es una sociedad virtual que puede convertirse en una isla. Se dirige nuevamente la actividad al hogar, adquiere peso el trabajo autónomo, dispersando a las personas. Se prefiere las pequeñas unidades productivas y flexibles a las empresas gigantescas y de rígida producción masificada. El trabajador es más independiente y posee más recursos, ya no será un apéndice de la máquina, sino que vuelve a recuperar los medios de producción: basado en la formación y el conocimiento que llevará a cabo a través de las nuevas tecnologías.

Se pierde el contacto con la historia, se habla de «el fin de la historia». No hay proyectos, se vive el presente y de manera fragmentada, sin sentido o proyecto. No hay perspectiva de compromiso ya que no hay futuro: por ejemplo, la estabilidad de la pareja se mantiene sólo hasta que dure; no es extraño por tanto, que aparezcan nuevos modelos familiares. De ahí que una de las características propias sea el narcisismo, la vuelta hacia el individuo, ¿a qué mejor dedicar el tiempo que a uno mismo?

Podríamos sintetizar el esquema de A. Toffler en la siguiente tabla:

	PRIMERA OLA (Premoderna-Agrícola)	SEGUNDA OLA (Moderna-Industrial)	TERCERA OLA (Postmoderna-Postindustrial)
Producción	Agricultura	Industrial	Información
Sociedad	Feudal	Capitalismo	Liberal, Capitalismo
Instrumento que la simboliza	Azada	Cadena de montaje	Ordenador
Orientación	Local	Nacional	Global/Local
Percepción del tiempo	Cíclico	Lineal	Fragmentado

Cultura	Aristocrática	Burguesa	Fragmentada
Familia	Extensa	Nuclear	Nuevos modelos
Valores	Tradición, Costumbre	Cambio, emancipación, progreso	Vuelta al sujeto: autorrealización, individualismo, estética

Tabla 1. Características de la cultura según A. Toffler

Con distintas denominaciones, a partir de los años sesenta del siglo XX diversos autores empezaron a intuir esta situación de cambio. McLuhan habla de la *era electrónica* o de la *aldea global*[19]. El sociólogo D. Bell plantea el surgimiento de la *sociedad postindustrial*[20]. Z. Brzezinski se refiere a la *era tecnotrónica*[21] y más recientemente, M. Castells acuñará el término de *la era de la información*[22].

Curiosamente, desde las distintas perspectivas sí se coincide en un punto central: *la aceleración*. Vivimos en una *situación de cambio acelerado sin precedentes en la historia de la humanidad*. Ya A. Toffler describía a la sociedad en una cresta de la ola, con la sensación de inseguridad, tensión y conflicto que conlleva. ¿Qué caracterizar a estos hombres del futuro y los diferencia del resto de la Humanidad?

«Ciertamente, son más ricos, están más bien educados, se mueven más que la mayoría de los componentes de la raza humana. También viven más tiempo. Pero lo que caracteriza específicamente a los hombres del futuro es que se han adaptado ya al acelerado ritmo de la vida. Viven más deprisa que los que los rodean.»[23]

---

19 Cfr. McLUHAN, M-POWERS, B. (1990). *La aldea global*. Barcelona: Gedisa.
20 Cfr. BELL, D. (1976). *El advenimiento de la sociedad postindustrial*. Madrid: Alianza Editorial.
21 Cfr. BRZEZINSKI, Z. (1970). *La era tecnotrónica*. Buenos Aires: Paidós.
22 Cfr. CASTELLS, M. (2001). *La era de la información*. Madrid: Alianza Editorial.
23 TOFFLER, A. (1973). *El «shock» del futuro*. Barcelona: Plaza & Janés, p. 53.

III.II. «¡LA ACELERACIÓN ES BELLA!»

> «Nosotros afirmamos que el esplendor del mundo se ha enriquecido con una nueva belleza:, la belleza de la velocidad. Un coche de carreras con su capó adornado con gruesos tubos parecidos a serpientes de aliento explosivo... un automóvil rugiente, que parece correr sobre la metralla, es más bello que la Victoria de Samotracia».
> (F. T. Marinetti, «Manifiesto Futurista»).

No decimos nada nuevo si afirmamos que la Humanidad ha ido evolucionando a lo largo de los siglos. Lo que sí es representativo es que los avances de cada era han sobrepasado más rápidamente a los de las anteriores. Por ejemplo, la Edad de Piedra duró unos treinta mil años, sin embargo, la Edad del Metal que le sigue, sólo se extiende durante cinco mil años. La Revolución Industrial ocupa unos doscientos años —del siglo XVIII a principios del XX—. La Era Eléctrica unos cuarenta años —de principios del siglo XX hasta la Segunda Guerra Mundial—. La Era Electrónica ya se reduce a veinticinco años y estamos inmersos en la Era de la información con innovaciones tecnológicas a ritmos exponenciales. No olvidemos que la aplicación de la imprenta es de casi anteayer —sobre el año 1436 de nuestra era cristiana—. Si tomamos un valor de 25 años por generación —según la media de la esperanza de vida tradicional—, la venimos utilizando las últimas veintitrés generaciones.

Si hacemos una simulación, quizás podamos captar la verdadera dimensión de esta aceleración. Me resultó sugerente la idea que leía hace algunos años de reducir la historia del hombre, entendida desde la edad de la piedra trabajada —aproximadamente unos 25.000 años—, a un año. En este esquema, lo que entendemos por era cristiana aparecería a principios del mes de diciembre. Todo el desarrollo industrial de la Humanidad tendría lugar en los dos últimos días del año y lo que hemos denominado «tercera ola» correspondería a las cuatro o cinco últimas horas del 31 de diciembre de ese año de referencia. Curiosamente, se han producido modificaciones más profundas en la existencia de la Humanidad durante estas cuatro o cinco horas que en las ocho mil setecientas cincuenta y cinco restantes del año.

E. Punset resalta esta idea de rapidez en la innovación y por el contrario el hecho de que la Ciencia no forma parte de nuestra mentalidad, ni ha penetrado en la cultura popular. Él afirma que seguimos con esquemas mentales muy tradicionales, por ejemplo, es más fácil encontrar miedos heredados de hace miles de años, como el temor a las serpientes o a las arañas, cuando ya difícilmente plantean un peligro en nuestras ciudades, y sin embargo, no tenemos la misma actitud ante los automóviles, que sí que provocan accidentes mortales. Realiza una comparación sugerente:

> *«Si imagináramos que en un gran almacén se hubiera ordenado en diez baúles, por orden cronológico, todo el conocimiento acumulado durante los últimos cuatro millones de años —desde que los homínidos empezaron a diferenciarse de los primates sociales de los que descendemos—, en el primer baúl cabría, sobradamente, todo el conocimiento generado hasta el siglo* XVIII. *Los descubrimientos ocurridos desde entonces llenarían los nueve baúles restantes. Pero están sin abrir todavía.»*[24]

La característica de nuestro tiempo no es la velocidad sino la *aceleración o hipervelocidad continua*. Cada vez más se vive la experiencia de que lo que ayer era lo más rápido, hoy resulta trasnochado y lento. Un dicho popular describe acertadamente esta experiencia: «La primera página del periódico de ayer, sirve para envolver el bocadillo de hoy». *Esa prisa nos inunda y fomenta la impaciencia y la inmanencia o instantaneidad.* Queremos más y lo queremos al momento y para nada valoramos los logros que se van consiguiendo. De tal manera nos acostumbramos a los avances que inmediatamente nos resultan anticuados y pedimos más. Por ejemplo, en la velocidad de conexión a internet ya la «banda ancha» se queda «superestrecha».

La mayoría de las personas valoran la velocidad como algo positivo. Sin embargo, no debemos olvidar que la velocidad expresa una relación entre dos magnitudes, un espacio recorrido y el tiempo transcurrido. ¿Es mejor realizar el Camino de Santiago desde Roncesvalles en una avioneta ya que es más rápido y así ganamos más tiempo? ¿Sería apropiado transportar andando hacia el hospital un órgano humano que se espera para realizar un trasplante? Evidentemente, que en cada situación la velocidad puede tener un valor totalmente distinto.

Dado el entorno cultural en que vivimos, el problema se plantea cuando concebimos la variable tiempo como *un coste*, en consecuencia, al ser más veloces ahorraríamos costes. De ahí que *la ambición de ser más rápidos vaya unida al reto de la productividad y la eficiencia* en una sociedad competitiva

---

24 PUNSET, E. (2004). *Adaptarse a la marea.* Madrid: Espasa Calpe, pp. 17-18.

como la nuestra. No sólo hay que ser veloces, sino que cada vez hay que serlo más. Así, si realizamos más actividades en menos tiempo, podemos ser más productivos y eficaces. ¿Sólo hay que tener en cuenta ese criterio? ¿No importa también hacerlo bien?

Vivimos cada vez más en la *cultura del nanosegundo* —unidad de tiempo que se usa en la física cuántica, equivalente a la mil millonésima parte de un segundo—. Parece que no alcanza para medir el tiempo en horas y segundos. Debemos medirlo en nanosegundos. De ahí que *todo deba estar inmediatamente y cuando llega ya es tarde*. Se tiene la impresión de que los días pasan a gran velocidad y se percibe la sensación de que la aceleración produce la paradoja de crear impaciencia, de hacernos sentir que no hay tiempo para nada. Estamos organizando la vida a la velocidad de la luz y la aceleración en nuestra sociedad se traduce en un esfuerzo por comprimir el tiempo. Como consecuencia, la ansiedad se convierte en uno de los síntomas de nuestra época ya que cada momento se convierte en una carrera contra el reloj.

III.III. Las nuevas tecnologías: «Del homo sapiens al homo digitalis»

> *¿Por qué esta magnífica tecnología científica, que ahorra trabajo y nos hace la vida más fácil nos aporta tan poca felicidad? La respuesta es esta, simplemente: porque aún no hemos aprendido a usarla con tino.*
> (A. Einstein)

En la aceleración que nos hayamos inmersos, han tenido una influencia fundamental las nuevas tecnologías. El mundo gira tan rápido que incluso predicciones realizadas con «sentido común», se quedan desfasadas antes de poder ser contrastadas. ¿Alguien podría imaginar que el hombre más rico del mundo en la actualidad, Bill Gates, hace treinta años fuera un simple estudiante que intentaba abrirse camino fundando en 1975 un proyecto relacionado con la informática llamado Microsoft?

M. Castells en 1999 en la lección inaugural del programa de doctorado sobre la sociedad de la información y el conocimiento en la UPO de Cataluña describe algunas anécdotas de este tipo. Por ejemplo, en 1972 la primera vez que el Pentágono intentó privatizar lo que fue el antepasado de internet, Arpanet, se lo ofreció a ATT para que lo desarrollara. Esta empresa, tras estudiar el proyecto, afirmó que nunca sería rentable y lo rechazó, argumentando que no tenía ningún interés en comercializarlo. En esos mismos años el presidente de Digital, una gran empresa de informática, declaró que no veía ninguna razón para que alguien quisiera disponer de un ordenador en su casa. En la misma línea, el presidente de IBM ya había pronosticado que en el año 2000 en el mundo sólo habría cinco ordenadores y que todos evidentemente serían IBM[25].

Vivimos en un mundo que como afirma N. Negroponte se está convirtiendo en *digital*[26]. De ahí que *«la sustitución del átomo por bit, de lo físico por lo digital, a un ritmo exponencial, convertirá al homo sapiens en homo digitalis»*[27]. El mundo ya no es una textura de átomos, sino de bits y ya hay que dejar de comprenderlo como materia —átomos— y cambiarlo por la energía —bit—. Muchos de los elementos que nos rodean son susceptibles de ser digitalizados.

El cambio es brutal, pero lo más significativo es la *rapidez* con que se produce la difusión de avances tecnológicos respecto a innovaciones anteriores. Por ejemplo, la radio necesitó treinta y ocho años para llegar a cincuenta millones de personas; la televisión precisó veintitrés años; el ordenador personal (PC) apenas necesitó dieciséis años, y en el caso de internet, tan sólo han sido necesarios cuatro años para llegar a esa cifra de cincuenta millones de usuarios.

Los datos nos abruman y dado que el crecimiento de internet es exponencial, cualquier cifra que se presente quedará obsoleta en el momento en que se publiquen estas páginas. Sirvan algunas referencias como simples ejemplos: entre los años 1998 (alrededor de 100 millones) y 2000 el número de usuarios de internet se triplicó, así en el año 2000 unos 300 millones de personas usaban internet. En sólo un año, en el 2001, la cifra llegó a unos 500 millones y en el 2005 casi 1.000 millones. Evidentemente, la mayoría en el denominado primer mundo[28].

¿Cómo se puede comprender lo que significa que fácilmente se tenga acceso a medio billón de páginas webs? Es decir, 500 mil millones de páginas de información están disponibles al otro lado de la pantalla. En

---

25 Cfr. http://www.uoc.es/web/esp/articles/castells/print.html

26 NEGROPONTE, N. (1995). *El mundo digital.* Barcelona: Ediciones B.

27 TERCEIRO, J.B. (1996). *Socied@d digit@l. Del homo sapiens al homo digitalis.* Madrid: Alianza Editorial, p. 27.

28 http://www2.noticiasdot.com/publicaciones/2005/0905/1009/noticias/internet-numeros/internet-numeros-03.htm

un artículo denominado *La lectura y la sociedad del conocimiento* el escritor José Antonio Millán reflexiona sobre esta situación y acertadamente comenta de forma gráfica las desnudas cifras de los datos numéricos. Según él, equivaldría a repartir una Enciclopedia Espasa a cada hombre, mujer, adolescente, bebé o anciano de Madrid, con lo que muchas casas recibirían varias obras y acabarían con cuatro o cinco paredes cubiertas por ellas. Habría que tener en cuenta que cada volumen sería diferente y que tendríamos la posibilidad de ojear cualquiera inmediatamente. El mismo autor se pregunta, ¿experimentamos felicidad o vértigo? [29].

Según la Ley Moore cada 18 meses se duplica la capacidad de los microprocesadores y consiguientemente la potencia de los ordenadores. Este dato parece sorprendente, pero la experiencia demuestra que se está cumpliendo desde hace cuatro décadas. Un ordenador «Pentium III» que hace pocos años creíamos que era la última novedad, se vende ahora en el mercado de segunda mano. También tiene como consecuencia positiva que los precios bajan al mismo tiempo que las prestaciones hasta un cierto tope. Así, un ordenador que hoy tenga un precio de 1.800 euros, valdrá la mitad el año que viene y en unos pocos años estará obsoleto.

Este ritmo veloz en las innovaciones tecnológicas está posibilitando que las herramientas puedan mejorar muchos procesos y facilitar la vida de muchas personas. Ahora bien, sin ninguna pretensión de caer en posturas «tecnófobas» hay que resaltar que la permanente aceleración también crea incertidumbre y desestabiliza. Como afirmaba Arquímedes *«Dadme un punto de apoyo y moveré el mundo»*. A veces, se añora el encontrar una «palanca» para poder «controlar» los ritmos de vida. Todo va tan deprisa que no hay posibilidad de pararse. Esa aceleración impregna nuestra existencia y no es extraño que tal situación «pase factura» al ser humano.

---

29 http://jamillan.com/lecsoco.htm#web

IV
ATRAPADOS EN EL RELOJ Y CAUTIVOS DEL TRABAJO: ALGUNAS PARADOJAS

«Piensa en esto: cuando te regalan un reloj te regalan un pequeño infierno florido, una cadena de rosas, un calabozo de aire. No te dan solamente el reloj, que los cumplas muy felices y esperemos que te dure porque es de buena marca, suizo con áncora de rubíes; no te regalan solamente ese menudo picapedrero que te atarás a la muñeca y pasearás contigo. Te regalan —no lo saben, lo terrible es que no lo saben—, te regalan un nuevo pedazo frágil y precario de ti mismo, algo que es tuyo pero no es tu cuerpo, que hay que atar a tu cuerpo con su correa como un bracito desesperado colgándose de tu muñeca. Te regalan la necesidad de darle cuerda todos los días, la obligación de darle cuerda para que siga siendo un reloj; te regalan la obsesión de atender a la hora exacta en las vitrinas de las joyerías, en el anuncio por la radio, en el servicio telefónico. Te regalan el miedo de perderlo, de que te lo roben, de que se te caiga al suelo y se rompa. Te regalan su marca, y la seguridad de que es una marca mejor que las otras, te regalan la tendencia de comparar tu reloj con los demás relojes. No te regalan un reloj, tú eres el regalado, a ti te ofrecen para el cumpleaños del reloj»

(J. Cortázar. Preámbulo a las instrucciones para dar cuerda al reloj)

IV.1. Diversas paradojas

> «Pocos son los que tienen tiempo suficiente
> y, sin embargo, cualquiera tiene casi todo el
> tiempo que hay»
>
> (Paradoja del tiempo)

En la mitología griega *Cronos* —Saturno en versión latina— se come a sus propios hijos para evitar que lo destronasen como rey de los dioses y de esa manera intenta asegurar su poder intemporal. Curiosamente, Cronos simboliza el tiempo, cruel e insensible que en su deseo insaciable de evolución devora la vida.

El texto de Julio Cortázar refleja una experiencia parecida. Creemos que el reloj va a ser un buen instrumento y aliado para organizar el tiempo y se convierte en nuestro dictador, al que tenemos que rendir pleitesía y ponernos a su servicio.

Se entiende por paradoja una declaración que en apariencia es verdadera pero que conlleva una posible contradicción. Sin ánimo de ser exhaustivos, como conclusión de este primer bloque se describen algunas paradojas relacionadas con el tiempo y el trabajo:

- *¿Disminuye el tiempo dedicado al trabajo? ¿Aumenta el tiempo disponible para el ocio?* Es evidente que el número de horas trabajadas ha ido disminuyendo paulatinamente a lo largo del siglo XX[30]. Al mismo tiempo, se creía que con la revolución industrial las máquinas trabajarían por nosotros y se auguraba que a finales del siglo XX se llegaría a establecer las 20 ó 25 horas semanales.

  Sin embargo, de la observación de nuestros comportamientos sociales se constata una cierta paradoja: según los planteamientos teóricos, al incorporar las nuevas tecnologías, tendría que aumentar el tiempo de ocio, por el contrario, en la práctica el número de horas dedicadas a la actividad laboral, también se ha incrementado. Por ejemplo, en un estudio sobre *Cambios en el uso del tiempo en la C.A. de Euskadi* entre 1993-2003 se constata que el tiempo dedicado a actividades que no son de ocio —trabajo, formación, trayectos, etc.— no ha dejado de crecer a lo largo de la última década: 19 minutos entre

---

[30] Cfr. CASTELL, M. (2001). *La era de la información. Vol.1: La sociedad red.* Madrid: Alianza Editorial, pp. 515-522.

1993 y 1998 y otros 15 minutos entre esta última fecha y 2003. El propio autor concluye: *«A priori y con estos primeros resultados parece contradictorio afirmar que avanzamos hacia una sociedad de ocio»*[31].

¿Qué puede pasar? Quizás el límite entre lo que es el trabajo oficial y no oficial no es fácil de delimitar. No entramos en todo el tema del pluriempleo o de la economía sumergida que no tiene plasmación en las estadísticas, sino que resaltamos el aumento de tareas relacionadas con la actividad laboral que consumen tiempo. Por ejemplo, una cena para cerrar un acuerdo o la revisión en casa de un informe, ¿se pueden entender como ocio o trabajo?

La consecuencia es que a efectos prácticos, la dedicación al trabajo ha aumentado. En esta línea, desde hace varios años, la asociación norteamericana *Take Back Your Time* —Recupera tu tiempo— convoca el 24 de octubre el día de los «relojes caídos», ya que en esa fecha un norteamericano medio ha trabajado más de lo que hará un europeo medio en todo el año.

- *¿La incorporación de las nuevas tecnologías disminuye el tiempo dedicado al trabajo?* Las nuevas tecnologías se están incorporando a la sociedad y como preveía McLuhan casi pasan a convertirse en una «ampliación» de nuestro cuerpo. Si alguien hubiera estado una serie de años ausente de nuestro contexto cultural, se extrañaría de ver a algunas personas hablando solas, pegadas a un aparato llamado móvil. Da la sensación que se ha desarrollado una nueva especie: *el homo sapiens inalambricus*. Como en el Antiguo Oeste por nuestras calles vemos a los sujetos portando en su cintura el «arma» imprescindible para sobrevivir en esta ciudad frenética.

Da la sensación que se desarrolla un cierto *síndrome de Frankestein* en el que como símil comparativo de la novela de Mary Selley, la criatura —las nuevas tecnologías— se rebela contra su creador, pasando así de obedecer sus órdenes a ser su temido dueño y señor. Podemos comenzar a ser esclavos de aquello que sería un buen medio y que por su mal uso se está convirtiendo en un fin.

Al mismo tiempo, la tecnología permite la creación de sistemas tan veloces que algunos ni siquiera pueden usarse y en otros habría que cuestionarse su uso. Por ejemplo, ¿tiene sentido fabricar un coche que

---

31 MARCOS, J.R. (2004). *Cambios en el uso de tiempo en la C.A. de Euskadi 1993-2003.* XIII JECAS, 2, 3 y 4 de junio, Toledo, p. 11.

pueda alcanzar más de 200 Kms por hora? ¿En qué carretera se podrá utilizar si hay límite de velocidad? A su vez, es posible crear propulsores que podrían hacer volar a los aviones a miles de kilómetros por hora, pero no habría cuerpo humano que lo resistiera. Por tanto, ¿tiene sentido tanta aceleración?

- De hecho los mismos avances tecnológicos que posibilitan las bases para potenciar la sociedad de la comunicación y del conocimiento, se están usando de manera desproporcionada o inadecuada con la consecuencia de que están potenciando una *sociedad de la fragmentación*, en las que las personas se alejan más unas de otras y se perciben cada vez como extrañas. Por ejemplo, en vez de ayudar a desconectar, la irrupción de la tecnología provoca la necesidad imperiosa de estar alerta 24 horas al día, 7 días a la semana, los 365 días del año, despertándonos con los correos electrónicos o durmiendo con los móviles en la mesita de noche. Parece que hay que responder al eslogan: *Estoy conectado, luego existo*.

Hoy se habla de la *ansiedad por no estar localizable*. Por ejemplo, se vive con inquietud el salir sin teléfono móvil. «¿Me estarán llamando?» «¿Cuántas llamadas perdidas tendré?», etc. Se provoca una sensación de «estar perdido» o desubicado si no se reciben llamadas. El que te puedan localizar en cada momento es señal de que «se tiene existencia», si no te llaman o se interesan por ti, parece que no cuentas nada.

A su vez, las nuevas tecnologías están fomentando un *espejismo* o la ilusión de creer que estar conectado a muchas bases de datos o múltiples fuentes de información resuelve todos los problemas.

Como afirma J.A. Marina:

«No es verdad, esos bancos de información sólo son útiles a los que saben leer la información. Un burro conectado a internet sigue siendo un burro»[32].

- *Los propios ciclos vitales se modifican.* Hemos forzado los ritmos biológicos y ya no funcionamos según «el reloj fisiológico», sino bajo la dictadura del «reloj mecánico o digital» que fundamentalmente se

---

32 MARINA, J.A.- DE LA VÁLGOMA, Mª. (2005). *La magia de leer*. Barcelona: Plaza & Janés, p. 40.

programa según los horarios laborales. De ahí que surjan determinados interrogantes:

- ¿Para qué dedicar tiempo a la alimentación? Así, se fomenta la comida rápida que a veces, también recibe el calificativo de «comida basura», aunque no sea lo mismo[33]. Parece que lo que menos importa es alimentarse y como tal, da igual que sea cualquier cosa. Ya no comemos según nuestro apetito o necesidades, sino sólo cuando lo indica el reloj. El «ideal» sería un restaurante que hay en Tokyo que factura por minutos. Por lo visto, su eslogan publicitario es el siguiente: *to eat as much as posible as quickly as posible*, que se podría traducir por «Comer todo lo que se pueda lo más rápidamente posible» *¡Cuanto menos tiempo estés, menos pagas y da lo mismo lo que se «engulla» en ese tiempo!* Esa carrera por ganar tiempo se nos mete en muchos productos: sopa «instantánea»; café «instantáneo» o alimentos «precocinados».
- ¿Para qué dormir? Algunos hasta se sienten mal por pasar 23 años de su vida durmiendo[34] y por ello intentan alargar como sea el estado de vigilia. No es raro que muchos se lancen a una búsqueda desesperada del «grial» o «elixir mágico» que le permita vivir más y aprovechar mejor el tiempo. A veces, con medios —drogas o estimulantes—, que más tarde o más temprano se convierten en herramientas *antropófagas* que devoran al propio sujeto.

• Vivimos en la época de la Historia de la Humanidad en la que el ser humano ha conseguido *alargar en mayor medida la esperanza de vida de la especie*, en especial en el primer mundo. Hasta hace poco más de un siglo, la esperanza de vida en Europa era de treinta años, como la de Sierra Leona en la actualidad.

Como bien afirma E. Punset hasta ese momento sólo se tenía como objetivo la subsistencia y la reproducción, ahora hay que plantearse el llenar de sentido esa existencia. En líneas generales, vamos a vivir más tiempo como «viejos» que como jóvenes, y de ahí que haya que

---

[33] Con demasiada ligereza se suele identificar comida rápida con comida basura y no tienen por qué ser lo mismo. Por ejemplo, una buena ensalada se puede preparar en muy poco tiempo y no es una «comida basura».

[34] A unas 8 horas diarias de sueño sería el tercio de la vida de una persona que llegue a los 70 años.

responsabilizarse e iniciar el «viaje apasionante hacia la felicidad»[35]. Lo fundamental es *añadir vida —calidad— a los años y no sólo años a la vida.*

- *¿Es la aceleración en los ritmos de vida una ventaja?* Según los fisiólogos del metabolismo, todos los seres vivos se parecen en que a lo largo de su existencia consumen la misma cantidad de energía por gramo de peso corporal. Por ejemplo, el cisne, el murciélago, el erizo o el ser humano gastan aproximadamente 2.500 kilojulios —unas 600 calorías—[36] por gramo de peso a lo largo de toda su vida. En consecuencia, un metabolismo más acelerado se traduciría en una longevidad menor, y a la inversa, cuanta menos energía consuma un organismo, más vive[37]. De ahí que sea fundamental dedicar *tiempo para la vida.*

- *La excesiva rapidez crea una dinámica de impaciencia.* Todo tiene que estar al momento. Como ya hemos dicho, observar algunas conductas a nuestro alrededor es ilustrativo: unos segundos hasta que llega el ascensor se hacen eternos; la velocidad en internet de la más novedosa banda se queda trasnochada y se percibe «lenta» rapidísimamente. Estamos inmersos en *la cultura del instante*, y nos crea malestar la más mínima espera. He ahí algunas expresiones que manejamos cotidianamente: café instantáneo, respuesta instantánea, correo electrónico (Messenger Instant), etc.

Por tanto, inmersos en esta cultura demos por supuesto que todo tiene que aparecer de golpe y no es extraño caer en conductas «curiosas». Por ejemplo, es fácil observar como algunas personas al subir al ascensor aprietan el botón de cerrar las puertas en lugar de esperar a que éstas se cierren solas o no paran de golpear el pulsador de un ascensor, esperando que la puerta se abra más rápidamente o caminan hacia arriba por las escaleras mecánicas para llegar antes al piso superior.

---

35 Cfr. PUNSET, E. (2005). *El viaje a la felicidad.* Barcelona: Destino.

36 En el sistema internacional de unidades el Kilojulio (1.000 julios) es la unidad universal de energía alimentaria. 1 Kcal (1.000 calorías) equivale a 4.184 Kj.

37 Cfr. RIECHMANN, J. (2003). *Tiempo para la vida. La crisis ecológica en su dimensión temporal.* Málaga: Ediciones del Genal.

Para J.C. Volnovich, psicoanalista, vivimos a un ritmo tal que habitamos un tiempo en el que «la velocidad contrae» y el mundo es un *eyaculador precoz*. He aquí su reflexión:

> *«Me parece escucharme cuando un paciente dice: 'Soy un vehículo apurado, apenas me detengo para decir 'Buen día', y, cuando pregunto '¿Cómo estás?', ya no estoy allí para recibir la respuesta, si es que antes no la clausuro con un 'Todo bien'. Hago todo rápidamente. Vivo como un eyaculador precoz: estoy siempre atrasado aunque esté adelantado»*[38].

- *Cada instante se vive como una carrera contra el reloj y rozamos la superficie de las cosas en vez de profundizar y disfrutarlas.* La aceleración se convierte en un virus que contagia todos los ámbitos de la vida. Siempre me han llamado la atención los cursos para directivos, *One minute managers,* que tenían como objetivo «la gestión y organización del tiempo», en el que además suelen regalar una agenda para poner en práctica inmediatamente lo aprendido. La sensación que se intenta provocar es la de una cierta «culpabilidad» ya que hay que «aprovechar» más el tiempo para poder realizar un mayor número de actividades. En uno de ellos se tenía de manera permanente escrito en la pizarra el siguiente eslogan: *Organiza y pon orden en tu vida. Al ser eficiente rendirás mucho y serás más feliz.*

  Habría que dar más cursos para *aprender a gestionar la vida*. Nuestra sociedad «rebosa» de expertos en eficacia, sin embargo, faltan personas capaces de «esparcir fecundidad» e inyectar ilusión y ganas por la existencia. No hay falta de tiempo, sino de prioridades o proyecto de vida. ¿Quién se toma el «trabajo de vivir»? El que valora algo, busca y encuentra el tiempo. Aquello que no nos gusta, aunque lo tengamos que hacer, lo postergamos o diferimos, aunque dispongamos de tiempo. Hoy se denomina *procrastinación* a esa actitud de retrasar lo que es desagradable o que resulta incómodo.

- *A veces, el aumento en cantidad de bienes no va acompañado de un incremento en la calidad de vida.* Así, inoculados por la urgencia de conseguir mejoras a través de logros personales o materiales, por

---

[38] Texto presentado en el Foro Social Mundial de Porto Alegre, Enero de 2001. http://www.pagina12.com.ar/2001/suple/psico/01-03/01-03-15/psico02.htm

ejemplo una mejor posición social o económica que repercutirá en una mejor «valoración social», se ven abocados a postergar el parámetro más importante para una calidad de vida: apostar por el ser y el sentido de la vida. E. Fromm insistía en la necesidad de resaltar *la prioridad del ser sobre el tener*.

- La misma Ley de Moore, cada 18 meses se duplica la capacidad de los microprocesadores y consiguientemente la potencia de los ordenadores, *se puede estar volviendo contra el propio sujeto*. No en vano, se siguen inventando utilidades que más bien «complican» y «llenan» la capacidad de los instrumentos de soporte. Cada vez los discos duros son más grandes pero al mismo tiempo, hay que ir actualizándolos continuamente con múltiples innovaciones que colapsan los aparatos y los inutilizan. ¿Tenemos necesidad real en el día a día de un usuario normal de estar a la última novedad en este tipo de aplicaciones? Evidentemente, algún día tendrá que pararse esta carrera veloz hacia «el absurdo».

- *Ya que el tiempo es dinero, hay que estar «ganándolo» a toda costa.* De tal manera, que siendo fieles al principio de que el tiempo es dinero, si no se gana dinero se está perdiendo el tiempo. A partir de este principio se han desarrollado distintas consecuencias:

    - Todo vale con tal de conseguir beneficios. Así del ganar dinero ya no es «pecado», se ha pasado a entender que nada es «pecado» con tal de ganar dinero.
    - A su vez, se trabaja mucho y se gana bastante dinero, pero no se tiene tiempo para disfrutarlo. Se cae en el círculo vicioso de aumentar la jornada laboral para poder disponer de más dinero, lo cual en la práctica se traduce en menos tiempo disponible. No hay tiempo ni para gastar el dinero.
    - De ahí que la nueva «batalla» que se está planteando en el mundo laboral no sea tanto la potenciación del modelo de la «ética protestante» sino la *ética del hacker*, que valora el tiempo y el gusto por lo que hace sin necesidad de traducirlo todo a criterios económicos. La ética del trabajo para el hacker se funda en el valor de la creatividad y consiste en combinar la pasión, con la libertad. El concepto de beneficio se amplía y se traduce en metas como el valor social, la igualdad de oportunidades, la transparencia y el compartir la

información y el conocimiento. Por ejemplo en la informática se puede trabajar «gratis» por enriquecer el acceso de todos a los programas informáticos[39].

- *Aún teniendo más medios y posibilidades para llenar nuestro tiempo, este se nos escapa.* Se vive el *síndrome de Tántalo*, el ser humano puede tener muchos bienes a su alcance que no puede disfrutar. No tenemos tiempo para «perder» el tiempo. De tal manera, que el ocio y por consiguientemente el descanso se sienten afectados. ¿A qué dedicamos el ocio?

  Según datos del Eurostat de 2006, en los países estudiados el tiempo libre gira en torno a las cuatro o cinco horas diarias, si bien la mayoría de ese tiempo de ocio se dedica a ver la televisión o el vídeo. Por ejemplo, en Bélgica las mujeres emplean en dicha actividad el 84% de su tiempo libre y los hombres el 85%; en Francia las mujeres ocupan el 76% de su tiempo libre y los hombres el 78%; en Italia las mujeres le dedican el 77% de su tiempo libre y los hombres el 81% y en España las mujeres gastan en ver la televisión o el video el 81% de su tiempo libre y los hombres el 83%.[40]

- *Tenemos hasta prisa para consumir vorazmente y sobre todo para «fagocitar» lo último o más novedoso.* Las actividades de consumo están en principio destinadas a aliviar la incomodidad inducida por las privaciones fisiológicas, produciendo de ese modo gratificación y placer. Pero a medida que la estimulación —novedad— desaparece, el placer se torna en simple comodidad y se necesitan nuevos estímulos para seguir «obteniendo placer». De esa manera, estamos «permanentemente insatisfechos».

  Lo último o novedoso por el hecho de serlo no es indicativo de que sea más valioso. Por ejemplo, La *Ética a Nicómaco* de Aristóteles aunque tenga algunos miles de años puede servir para afrontar la vida con más sentido que muchos manuales de autoayuda de última generación, aunque vengan de Estados Unidos.

---

39 Cfr. HIMANEN, P. (2002). *La ética del hacker y el espíritu de la era de la información*. Barcelona: Destino. CASTELLS, M.-HIMANEN, P. (2002). *Estado del bienestar y sociedad de la información: el modelo finlandés*. Madrid: Alianza Editorial.

40 ALIAGA, Ch. (2006). *How is the time of women and men distributed in Europe*. European Communities. http://epp.eurostat.ec.europa.eu/cache/ITY_OFFPUB/KS-NK-06-004/EN/KS-NK-06-004-EN.PDF

- *Se observa una situación peculiar en aquellos que no pueden «aprovechar» el tiempo libre y que además son excluidos por el sistema.* No podemos ignorar que de alguna manera, el presentarse como persona muy ocupada o ajetreada y capaz de realizar muchas actividades es también signo social de posición elevada. Con lo cual, entramos en otra paradoja social. Aquellos que pudieran tener «más tiempo libre», por ejemplo, los desempleados o ciertos grupos más desfavorecidos, no pueden disfrutar de un tiempo libre «enriquecedor» o valorado por la sociedad, ya que no poseen los medios económicos adecuados para poder consumir ampliamente, con lo cual es como si no pudieran tener derecho a gozar del ocio. Al mismo tiempo, al no tener trabajo se convierten en «ciudadanos sin ciudadanía», en inútiles o excluidos por el sistema.

- *Las nuevas tecnologías también crean un mundo «virtual», de plena disposición* y en el que la realidad aparece condensada en breves imágenes. Es la *cultura del zapping* según la cual yo controlo, cambio de canal según mi deseo o apetencia, y paso a gran velocidad por las ventanas que me acercan al mundo sin ningún tipo de compromiso e implicación. Todo está a mi libre disposición y «todo me está permitido», y es el caldo de cultivo para que se fomente el individualismo y las actitudes narcisistas.

  En el mundo virtual sólo tiene vida lo que aparece en la pantalla. De ahí que las injusticias sangrantes o el inmenso dolor de la mayoría de la población del planeta, no tengan hueco, lo que lamentablemente presupone que no tienen existencia.

PARTE II
EL CUERPO Y LA MENTE PROTESTAN, SE REBELAN Y PASAN FACTURA

«Cuando las cosas suceden con tal rapidez, nadie puede estar seguro de nada. De nada en absoluto, ni siquiera de sí mismo»
(M. Kundera)

V
INTRODUCCIÓN

V.1. La tortuga permanentemente está «creciendo» y no se desvive o «malvive»

A finales de junio del 2006 murió en un zoológico de Australia la tortuga Harriet que acababa de cumplir 176 años. Era una de las criaturas más viejas del mundo. Se cree que el animal fue estudiado por Charles Darwin, aunque algunas investigaciones ponen en duda esa relación, ya que parece que pertenece a una sub-especie de tortuga que sólo se encuentra en una isla de las Galápagos que el científico no llegó a visitar.

De lo que no hay duda, en cualquier caso, es de la edad de la tortuga: según los investigadores que han estudiado las variaciones del ADN de la población de quelonios de la isla de Santa Cruz, el animal tiene con seguridad más de 170 años.

Curiosamente, quienes cuidaban a Harriet atribuían su longevidad a la vida tranquila y sin «estrés» que llevaba el animal[41].

> «...En tanto que un ser vivo crece no envejece.
>
> Este es el secreto, también, de la legendaria longevidad del cocodrilo del Nilo y de la tortuga gigante. Un cocodrilo macho de cien años dista mucho de ser un anciano impotente. Por el contrario, puesto que sigue creciendo todavía, ningún cocodrilo más joven alcanza ni el tamaño ni la fuerza del «viejo caballero» por lo que este siempre tiene en torno suyo un auténtico harén cuyas hembras se lo reparten y encuentran en él su satisfacción sexual. Naturalmente tiene que vigilar continuamente para que no llegue un «jovencito»

---

41 Cfr. http://news.bbc.co.uk/hi/spanish/misc/newsid_5113000/5113850.stm

de unos ochenta años que le dispute su imperio. Pero mientras el centenario animal siga creciendo puede superar a todos sus rivales.

Lo mismo que les ocurre a los cocodrilos gigantes les sucede a las tortugas, que en su larga vida sólo dejan de crecer cinco minutos antes de su muerte y, consecuentemente, se mantienen jóvenes hasta el último instante. Las tortugas gigantes llegan, de ese modo, a un peso de ciento cincuenta kilos y a una edad de doscientos años. En la lucha, por una hembra en celo, arrojan a sus rivales de menos peso fuera de su territorio utilizando su coraza como un ariete.

También las especies más pequeñas, como la tortuga griega, tan apreciada como animal doméstico, respetan la grandeza de la vejez aunque sea en miniformato. Su concha únicamente alcanza una longitud de veinte centímetros, pero pese a todo sigue creciendo hasta poco antes de su muerte y con ello alcanza un máximo de edad de 115 años.

En el reino de los cocodrilos y las tortugas los ancianos no son enviados a los asilos de inválidos, sino que son ellos los que triunfan»[42].

¿Qué podemos resaltar?

- Una conclusión fundamental es que *en tanto que un ser vivo crece no envejece.* He ahí la importancia de mantenerse vivo, creativo y con ganas de llevar adelante distintos proyectos.

- Cuando alguien *pierde el sentido o el «norte» de su vida, fácilmente se descentra* y entra en comportamientos autodestructivos.

- *Si se tiene un porqué es más fácil poner los medios para conseguirlo.* Si los objetivos no están claros o aparecen muy dispersos hay más probabilidad de que el sujeto actúe de manera anómala y termine agotándose y pasándole factura a su organismo.

---

42 DRÖSCHER, V. (1980). *Sobrevivir. La gran lección del reino animal.* Barcelona: Planeta, pp. 33-34.

V.II. ¿QUÉ NOS PASA A LOS SERES HUMANOS?

Las mujeres de Malasia en la fábrica[43]

Desde 1970, las multinacionales se han estado instalando en la Malasia rural con manufacturas que requieren mano de obra intensiva. En Malasia hay cientos de empresas subsidiarias japonesas y norteamericanas que producen fundamentalmente ropa, productos alimenticios y componentes electrónicos. En 1987 Aihwa Ong realizó un estudio de las obreras montadoras de componentes electrónicos en un área en la que el 85% de los trabajadores eran mujeres jóvenes solteras de los pueblos de alrededor.

La disciplina y las relaciones sociales de la fábrica contrastaban fuertemente con la vida comunitaria tradicional. En las fábricas, las mujeres de los pueblos tenían que enfrentarse a una rígida rutina de trabajo y a una constante supervisión realizada por varones. El trabajo de estas fábricas era exigente, exhaustivo, agotador y deshumanizante. Una mujer dijo de sus jefes: «Ellos nos agotan demasiado, como si no pensaran que nosotras también somos seres humanos».

Una respuesta a la disciplina de la fábrica es la posesión por espíritus, que A. Ong interpreta como una protesta inconsciente contra la disciplina laboral y el control masculino del entorno industrial. A veces, la posesión cobra la forma de histeria masiva: las mujeres se vuelven violentas y gritan insultos. Para hacer frente a las posesiones, las fábricas recurren a los chamanes locales. Esta solución funciona sólo a veces. Las mujeres continúan actuando como vehículos de expresión del enfado de los espíritus vengadores y de sus propias frustraciones.

En el periódico La Vanguardia (11-03-2000) aparecía una entrevista a Manuel Castells, sociólogo y en aquel momento catedrático en la Universidad de Berkeley en Estados Unidos. Resaltamos una pregunta y su correspondiente respuesta:

---

43 Cfr. KOTTAK,C.Ph. (2003). *Antropología cultural.* Madrid: McGraw-Hill, pp. 282-284.
ONG,A. (1987). *Spirits of resistance and capitalist discipline: factory women in Malaysia.* Albany: State University of New York Press.

Periodista: En su libro habla de desconstrucción y reconstrucción incesantes. Esto nos afectará humanamente. Un aprendizaje continuado y la inestabilidad en el puesto de trabajo conllevarán estrés. ¿Podremos compatibilizarlos con un equilibrio psíquico que nos permita llevar una vida normal?, ¿llegaremos a acostumbrarnos a esta situación?

M.Castells: La respuesta es no. Si yo observo a mi alrededor a las personas de Silicon Valley puedo darme cuenta de que viven aceleradas, solitarias y desequilibradas. Hay una alta tasa de alcoholismo y de consumo de drogas, la tasa más alta de divorcio y una de las tasas de insatisfacción personal más altas de Estados Unidos. El nivel de competitividad y creatividad se hace a un ritmo que quema individuos. Hay que tener en cuenta que el proceso es imparable y que puede conducir a graves trastornos personales y sociales si, junto a eso, no hay un desarrollo de nuevas formas de convivencia, de nuevas formas de espiritualidad».

«Lo que no decimos con palabras, lo decimos con síntomas»

(K. Menninger)

A veces me viene a la mente la imagen de algunas personas «atrapadas» en una jaula como si fueran «hamsters» corriendo a toda velocidad día y noche dentro de una rueda que no se sabe si va a alguna parte. Los ritmos de vida de la sociedad actual en el que impera la prisa y la aceleración desencadenan determinados estados de tensión y malestar que pasan factura y se vuelven contra el propio ser humano.

El asunto no es baladí o para tomárselo a broma ya que somos uno de los países europeos en los que se produce un mayor consumo de psicofármacos. Por ejemplo, el uso de ansiolíticos o antidepresivos no cesa y en diez años se ha incrementado en una proporción considerable. El Sistema Nacional de Salud recetó en 1995 más de siete millones de antidepresivos y en el 2003 se superaron los veintiún millones de envases[44]. ¡En algo menos de una década se ha triplicado el consumo de antidepresivos en la población española!

---

44 Cfr. ABC, lunes 3 de enero de 2005. http://www.azfarmacia.com/secNot2.asp?idNota=823

Es verdad que se vive en una época en la que todo se «medicaliza» o «psicologiza». Los términos médicos o psicológicos son de uso común independientemente de la condición social. Oír hablar de estrés, depresión o ansiedad, resulta algo tan normal como escuchar conversaciones sobre el tiempo o el fútbol. En un país de cierta tradición religiosa parece que el «ambulatorio» ha suplantado al «confesor» y los tranquilizantes o ansiolíticos a las «oraciones» o «penitencias» de antaño.

De alguna manera, se está contribuyendo a «hipocondrizar» a la sociedad. Con el objetivo de intentar no sufrir la más mínima situación molesta, los sujetos se apoyan en cualquier tipo de «muleta» para poder seguir el camino: alcohol, drogas o estimulantes. El peligro es que estos supuestos soportes pueden pasar a convertirse en instrumentos *antropófagos* que terminen «fagocitando» a quien los consume.

Las personas tienen cada vez menos recursos psicológicos, se sienten frágiles e incapaces para afrontar las situaciones desagradables de la vida y ante cualquier síntoma de ansiedad o estrés, se bloquean y traumatizan. No es raro que, como las «mujeres malayas», se tienda a solucionar los problemas profesionales y personales a través de la somatización de distintas patologías o enfermedades. Nuestros estilos de vida están provocando que el organismo «proteste» y se «rebele».

La situación comienza a inquietar y de ahí que se le preste atención desde distintos ámbitos. En un documento publicado en el año 2002 por la Comisión Europea se afirma lo siguiente:

> *«El estrés relacionado con el trabajo se ve condicionado por problemas fundamentales medioambientales, económicos y sanitarios, al tiempo que contribuye a crearlos. Afecta, al menos a 40 millones de trabajadores de los quince Estados miembros de la Unión Europea (UE) y cuesta anualmente un mínimo de 20.000 millones de euros. Es la causa de mucho sufrimiento humano, enfermedades y fallecimientos. Asimismo produce alteraciones muy considerables de la productividad y la competitividad. Es muy probable que gran parte de todo lo dicho pueda prevenirse»*[45].

En la misma línea, el pasado 14 de octubre de 2005, la Comisión Europea adoptó el Libro Verde, *Mejorar la salud mental de la población. Hacia una*

---

45 COMISIÓN EUROPEA. *Guía sobre el estrés relacionado con el trabajo*. Luxemburgo: Oficina de Publicaciones Oficiales de las Comunidades Europeas, 2002, p. 5. http://europa.eu.int

estrategia de la Unión Europea en materia de salud mental. La finalidad de dicho Libro Verde es la de promover una consulta pública sobre cómo hacer frente a la enfermedad mental y sobre cómo potenciar la salud mental en la Unión Europea. Si la iniciativa fuese aprobada en el proceso de consulta, podría desembocar en la adopción de una Propuesta de la Comisión para una estrategia sobre la salud mental a finales de 2006.

La salud mental se considera un recurso muy valioso. Es evidente, que no puede hablarse de salud en general, sin tener en cuenta el bienestar psíquico. En el denominado primer mundo se ha logrado controlar muchas enfermedades físicas, sin embargo, las alteraciones relacionadas con la mente van en aumento.

Una buena salud mental es fundamental para las personas y para la sociedad. Un sujeto equilibrado psíquicamente movilizará todo su potencial humano. Al mismo tiempo, la salud mental representa un recurso de cohesión en la sociedad ya que mejora el bienestar social y económico en su conjunto.

Las alteraciones mentales no representan únicamente un problema para el sector sanitario. Junto a las consecuencias negativas para los pacientes y sus familias, se añaden los efectos que colateralmente repercuten en la sociedad en general. Por ejemplo, se calcula que los costes económicos derivados de este tipo de trastornos representan hasta el 3-4% del producto interior bruto (PIB), debido fundamentalmente a la pérdida de productividad[46].

En nuestro contexto nacional, se vive también la misma inquietud. En un reciente estudio llevado a cabo en la Comunidad de Madrid se califica la incidencia de estos trastornos como de auténtica pandemia. He aquí algunos datos de la investigación realizada por el Instituto de Innovación Educativa y Desarrollo Directivo para la Consejería de Empleo y Mujer de la Comunidad de Madrid[47]:

- Un 38% por ciento de los trabajadores de la Comunidad presentan una situación de riesgo laboral psicosocial para su salud. Es decir, alrededor de un millón de personas podrían estar afectadas.

- El 32% por ciento de los trabajadores de la región presentan niveles graves de estrés, unas 960.000 personas. Si tenemos en cuenta el género, las mujeres puntúan ocho puntos más en la variable estrés

---

46 http://ec.europa.eu/health/ph_determinants/life_style/mental_health_es.htm

47 Cfr. La Razón, 24-04-2006, pp. 48-49, http://www.acosoescolar.com

que los varones. El porcentaje de mujeres con estrés se eleva a 35,20% y el de varones es de 27,20%. Si prestamos atención a la edad, el nivel de estrés de los mayores de 56 años se eleva, ya que alcanza una cifra del 42,30%, mientras que en los menores de 26 años, el porcentaje se reduce al 30%, quizá porque todavía no han acumulado años de trabajo a las espaldas.

- 320.000 sujetos se evalúan como «que están quemados». Los jóvenes son más proclives a padecer este síndrome, un 13,3%. Los trabajadores de más edad son los menos quemados, un 7,8%.

Muchas de las condiciones que están presentes en nuestros estilos de vida, por ejemplo la prisa, la aceleración o la urgencia, se están convirtiendo en variables *multiplicadoras por cero*. Es importante tener en cuenta una sencilla regla matemática para «evitar naufragios o desastres personales»: *cualquier número multiplicado por cero da como resultado cero.* De ahí que sea conveniente alejarse de tales «multiplicadores por cero» ya que no son buenos compañeros en el viaje de la vida.

El tiempo se está convirtiendo en uno de los bienes más escasos en los países «desarrollados». La presión se hace insostenible y comienza a «pasar factura». He aquí algunos comportamientos que pueden reflejar esa «protesta»:

- *Alteraciones psicosomáticas.* Los nuevos ritmos de vida están fomentando distintas patologías: desequilibrios metabólicos, obesidad, trastornos digestivos, insomnio, trastornos del sueño, etc.

- *Ansiedad y tensión.* Aumento de la agresividad, la competitividad y la sensación de vivir en un estado de alerta permanente. Se acude a «muletas» —drogas o sustancias estimulantes—, para que «ayuden» a mantenerse en pie, con el consiguiente coste psicológico y fisiológico que provocan dichos psicofármacos.

- *Activismo.* Tendencia a potenciar las «multitareas». Nos convertimos en *hombres orquesta* que al mismo tiempo queremos realizar diferentes actividades: conducir comiendo, bebiendo o hablando por el móvil. En Japón va en aumento una patología laboral que se denomina *karoshi* o muerte por agotamiento laboral.

- *Omnipotencia, omnipresencia y creerse imprescindible.* Se piensa que se es insustituible y necesario para realizar todas las actividades. ¿Cómo van a salir las tareas, si no las hacemos nosotros? Según B. Russell, *«creer que nuestro trabajo es terriblemente importante, es uno de los síntomas que nos muestra que el colapso nervioso es inminente».*

- *Deshumanización personal.* No se piensa, se actúa como *robots*, ya que no hay tiempo para pararse y reflexionar. Se funciona con recetas. A su vez, cuando se va tan deprisa, se pierde la capacidad de sentir y «saborear» las experiencias. Muchas veces no somos ni conscientes de lo que comemos, ya que quizá no nos demos ni cuenta. Curiosamente, parece que se tiene como objetivo «construir robots que piensen y personas que sean autómatas».

- *Fragmentación y «temporalidad».* Se potencia la *sociedad del contrato temporal*. Se sacraliza lo provisional y relativo, con lo cual ya no hay compromiso ni proyectos a largo plazo. Se pone en práctica al fenómeno *Kleenex*, todo es para «usar y tirar», y tiene «fecha de caducidad». En consecuencia, lo mismo que se hace con los utensilios, se realiza con las personas.

- *Desestructuración social.* La «falta de tiempo» la están pagando las familias, las madres trabajadoras, etc. Lamentablemente, los buenos momentos no vividos con los hijos cuando tienen dos años, no se pueden recuperar cuando cumplan dieciséis.

La situación actual se podría sintetizar en los siguientes trastornos que se desarrollarán a continuación:

- La enfermedad de la prisa.

- La adicción al trabajo.

- El estrés.

- El síndrome «bournout» o estar quemado.

- El narcisismo.

VI
LA ENFERMEDAD DE LA PRISA: «EL HOMBRE ORQUESTA»

> *«El trabajo sin prisa es el mayor descanso para el organismo»*
> *(G. Marañón)*

VI.I. Introducción

Según sus amigos, Juan no anda sino que «trota». Se mueve casi al galope de un lado para otro y es normal verlo con una taza de café en la mano «derrapando» por los pasillos de la oficina. Sus movimientos son bruscos y rápidos y cualquier actividad la realiza a gran velocidad. Esa agitación la expresa en muchas de sus conductas, por ejemplo, su mujer afirma que no come sino que «engulle como los pavos». Es normal encontrarlo realizando varias acciones a la vez: por ejemplo, desayuna mientras lee el periódico, consulta la correspondencia, ve la televisión y llama por teléfono al mismo tiempo. No soporta la lentitud con que viven la mayoría de las personas. De ahí que suela impacientarse en situaciones en las que tenga que esperar un cierto tiempo, por ejemplo haciendo cola en la caja del supermercado o en un atasco de tráfico. Tiene la sensación de que los demás «pierden el tiempo» y para él, su tiempo es más valioso que el del resto de los mortales...

«Trabajo deprisa para vivir despacio»
(M. Caballé)

La tradición popular no valora la aceleración y la prisa. Algunos de los dichos son bastante significativos. Por ejemplo, *«Vísteme despacio que tengo prisa»*; *«La prisa no es una adecuada compañera o consejera»*; *«¡Las prisas no son buenas!»*; *«¡Cuánto más prisa tengo, más retrasado me encuentro»*, y uno especialmente, que es «terrorífico»: *«La prisa destruye y mata»*.

Por el contrario, vivimos en un contexto social que prioriza y ensalza la velocidad. En general, se plantea como valioso y prioritario conseguir llevar a cabo la «supuesta» *fórmula mágica*: *hacer el mayor número de tareas en el menor tiempo posible*. El ideal es el *hombre orquesta* o «multitarea», que pudiera estar realizando múltiples actividades a la vez.

En esta perspectiva, se suelen describir diferentes tipos de personalidad que ofrecen una distinta «caja de resonancia» a los acelerados ritmos de vida, en concreto *el Patrón de conducta Tipo A (y su imagen opuesta que sería el tipo B)*.

A finales de los años cincuenta del siglo XX, Friedman y Rosenman dos cardiólogos norteamericanos publicaron varios trabajos que relacionaban determinadas conductas y rasgos de personalidad con la incidencia de cardiopatía isquémica o la posibilidad de tener un infarto o angina de pecho. Fruto de sus investigaciones aparece en 1974 la obra *Type A Behavior and your Heart* en la que se describían diferentes tipos de personalidad relacionadas con factores de riesgo coronario.

Cuentan que el inicio de su investigación surgió de la observación de una experiencia curiosa de la vida cotidiana. Al querer remodelar la sala de espera de su consulta, cuando quisieron tapizar las sillas, les llamó la atención que éstas sólo estaban deterioradas en el tercio exterior. Es decir, sus pacientes únicamente se sentaban en el extremo de los sillones, como si estuvieran a punto de «echar a correr».

VI.II. CARACTERÍSTICAS DEL PATRÓN DE CONDUCTA TIPO A (PCTA)

Desde dicha investigación se emplea con asiduidad en los entornos médicos y psicológicos el término *Patrón de Conducta Tipo A (PCTA)*. Las personas con este patrón se caracterizarían por presentar algunos de los siguientes rasgos:

a) Urgencia e impaciencia. Suelen ser personas muy «productivas» y tienen una gran preocupación por realizar tareas sin parar, ya que la inactividad y el reposo le producen sensación de frustración. Da la sensación que están en una carrera permanente contra el reloj ante la presión por la falta de tiempo. Luchan contra el tiempo como si trataran de ganarle la partida a un enemigo real. El tiempo escasea cuando actúan al ritmo que ellos estiman necesario y se dilata insoportablemente cuando se ven forzados a mantenerse inactivos. Se pueden presentar algunas conductas:

- *Propensión a acelerar la ejecución de cualquier tarea.* Se mueven y caminan deprisa y destaca la imperiosa sensación de urgencia que invade el ámbito de su actividad personal. Su vida cotidiana, la que no guarda relación con el trabajo, por ejemplo los momentos de ocio, resulta apresurada hasta en los mínimos detalles. La conciencia de hallarse en lucha contra el tiempo, puede observarse en la frecuencia con que suelen consultar y mirar el reloj, incluso en contextos en los que el ritmo de la actividad viene impuesto por circunstancias externas que escapan a su control, por ejemplo un desplazamiento en autobús.
- *Son refractarios a establecer prioridades y limitaciones en la asunción de tareas.* Atienden sin discriminar cualquier solicitud del entorno con la consiguiente sobrecarga que conlleva incrementar la velocidad y fomentar la prisa en la ejecución de las actividades para poder cumplir con lo estipulado.
- *Activismo.* Son incapaces de «renunciar» a la realización de ocupaciones que puedan aumentar el repertorio y por tanto, el «mérito» del sujeto. Prestan atención al resultado «cuantitativo», realizar muchas tareas, más que a la satisfacción derivada de la realización de la labor bien hecha. Si pueden, intentan simultanear varias actividades físicas de distinto orden. De ahí, la denominación de *hombre orquesta.*
- *Evitan el ocio o la inactividad.* Hallan siempre motivos para suprimir las vacaciones, alargar la jornada laboral o para llevarse trabajo a casa. Fácilmente justifican esas conductas, por ejemplo, «para de esa manera 'aprovechar' el tiempo y 'aligerar' la próxima semana». Si bien, también es un mecanismo para mitigar «el insípido» fin de semana en familia, ya que son incapaces de gozar del tiempo libre y de los seres queridos.

- *Comen deprisa.* Tienden a «engullir» los alimentos de manera brusca y rápida. Comer no es considerado una actividad productiva. Puede que piensen que es necesaria, ya que hay que seguir «echando gasolina» para mantenerse en movimiento, pero no se preocupan por el proceso necesario para masticar y digerir los alimentos. ¡Mucho menos para saborearlos! ¿Para qué perder el tiempo cuando se pueden realizar otras ocupaciones que son «mejores», y por supuesto, más «rentables»? No es raro que algunos coman mientras conducen, llaman por teléfono, o leen la prensa y así «aprovechan» y no se quitan un «tiempo extra».
- *Tienden a dormir poco.* Suelen dedicar pocas horas al descanso. Dormir más, se percibe como una pérdida de tiempo. ¿Cómo «desaprovechar» un tercio del tiempo que se tiene en la vida?
- *Hablan agitadamente y tienen dificultad para mantener la atención centrada en cualquier tema o mensaje que se les dirija.* Hablan deprisa e interrumpen a sus interlocutores. Más bien tratan de «imponer», que «exponer» el propio punto de vista. Tienden a ocupar el pensamiento en solucionar problemas pendientes que consideran primordiales y se suelen desentender de la realidad del contexto de la charla; están físicamente, pero su cabeza está «ocupada» en otros asuntos.
- *Suelen ir al grano, sin rodeos.* Cuando tienen algo en la mente no pierden el tiempo en formulismos. Tal conducta es fruto de la urgencia y no obedece a timidez o falta de habilidades sociales.
- *No «escuchan a su cuerpo».* No «pierden el tiempo» prestándole atención a su propio organismo. El malestar físico representa un obstáculo para la realización de sus planes laborales y carece de auténtico interés. De ahí que no reaccionen a las señales de cansancio o fatiga y desatiendan sus síntomas cardiovasculares, con lo que retrasan la búsqueda de ayuda médica.

b) Ambición y necesidad de conseguir logros. Los comportamientos en esta línea incluyen una ambición y competitividad extrema.

- *Se plantean logros continuos.* Los sujetos están inmersos en una incesante lucha para conseguir más y más y sobre todo, en menos tiempo.
- *Búsqueda de la perfección.* Tendencia al perfeccionismo en todas las actividades, tanto dentro del trabajo como en el tiempo libre, por ejemplo, cortar el césped o cualquier tipo de pasatiempo.

- *Manifiestan una competitividad extrema.* La ambición y la realización permanente de tareas conlleva también una inclinación a competir permanentemente con los demás. No sólo funcionan así en el campo laboral, cualquier diversión se convierte en una carrera agotadora por destacar o sobresalir —por ejemplo, en una actividad lúdica como puede ser jugar a las cartas—. En muchas ocasiones, esta exigencia aplicada a los pasatiempos conlleva el riesgo de quedarse rápidamente sin entretenimientos ni ocupación.
- *No proyectan a largo plazo.* No son dados a hacer proyectos a largo plazo, ya que su propia impaciencia hace que los planes no ejecutables de inmediato sean enjuiciados como fantasías o fabulaciones.
- *Se anticipan mentalmente en el corto plazo.* Suelen anticipar mentalmente los episodios con los que van a tener que bregar, con la finalidad de que no les cojan desprevenidos. Esto les lleva a prever situaciones que pueden suscitarles su habitual impaciencia, con la consiguiente «ansiedad anticipatoria».

c) Tendencia a controlar a los otros. Dado el estilo de vida que llevan no es fácil que trabajen en grupo y por ello, tienden a marcar la pauta y controlar a los demás.

- *Responden con hostilidad y agresividad.* Cuando el ritmo que estiman oportuno se ve detenido suelen reaccionar con hostilidad. La imposibilidad de adaptarse y aceptar las dificultades objetivas del entorno provoca que se responda con brusquedad. La impaciencia promueve habitualmente agresividad hacia quien la suscita, y como puede surgir ante innumerables circunstancias —domésticas, urbanas, laborales o en la relación social—, los sujetos confiesan sentirse permanentemente en lucha frente al entorno, por ejemplo, contra el retraso de la esposa, los atascos del tráfico, o la inoperante lentitud de un subalterno.

  Son poco propicios a la violencia física y expresan su agresividad por medio de diversas conductas tales como:

  – Desvirtuar los logros ajenos.
  – Minar la fiabilidad de los resultados de los demás.
  – Disminuir los esfuerzos de los otros.
  – Desacreditar sus ideas.
  – Negar a los demás la atención o ayuda que precisan.

- *Son muy exhaustivos.* Por lo que se convierten en jefes «molestos y fastidiosos», ya que ese estilo minucioso puede crear bastante tensión. Les gusta la tarea «como hay que hacerla», es decir, «exactamente», según el ideal de su criterio perfeccionista. Suelen ser intolerantes ante los errores. De ahí que se sitúen por encima, supervisando continuamente y puedan ser vistos como «controladores».
- *Incapaces de delegar funciones y tareas.* No toleran la pérdida de tiempo que puede suponerles instruir a alguien para que cumpla eficazmente una actividad que ellos pueden ejecutar con más rapidez y competencia. A su vez, el no delegar permite ejercer el control total de las situaciones, que es algo esencial en el patrón de conducta tipo A.

d) Creencias específicas o pensamientos distorsionados en los que basan su actuación:

- *«Hay que probarse a uno mismo constantemente».* Se traduce en la necesidad de logro, competitividad y superación permanente.
- *«Todo el mundo tiene que ser perfecto».* Búsqueda de la perfección que se manifiesta en la ejecución rigurosa y exhaustiva de las tareas.
- *«Todo lo que no sea el 100% es el 0%».* No hay término medio. Expresa superación permanente y activismo frenético.
- *«Todo el mundo tiene que pensar como yo».* Control y supervisión de los demás.

Da la sensación de que la actividad desmedida es su mecanismo de defensa para no afrontar sus conflictos y viven en un estado continuo de lucha ante el entorno al que consideran amenazante.

Las personas con *patrón de conducta B* se caracterizan por ser la imagen opuesta de las de patrón de conducta A. Son personas tranquilas, serenas, con poca actividad y escasa agresividad, así como con bajos niveles de ambición y al mismo tiempo, no pierden eficacia en las relaciones humanas y profesionales.

Los sujetos con patrón de conducta tipo A tienen una probabilidad dos o tres veces mayor que las de tipo B de padecer un ataque cardiaco, así como un alto riesgo de sufrir otro tipo de enfermedades como las psicosomáticas, cardiovasculares y neurosis de ansiedad.

VI.III. Anexo: Cuestionario patrón de conducta tipo A-B

Responda a las siguientes preguntas según haya sido su situación personal en las últimas semanas. Recuerde que no hay una respuesta mejor que otra, sino que lo importante es describir su estado de bienestar actual. Conteste según el siguiente criterio:

1: Nunca
2: Casi nunca
3: Casi siempre
4: Siempre

1. ¿Suele gesticular o caminar con movimientos rápidos y bruscos?	1 2 3 4
2. ¿Piensa que el día no tiene las horas suficientes para todo lo que tiene que llevar a cabo?	1 2 3 4
3. ¿Tiende a comer a toda velocidad e intenta abandonar la mesa inmediatamente?	1 2 3 4
4. ¿Se siente impaciente por el ritmo en el que suelen desarrollarse las cosas?	1 2 3 4
5. ¿Su pareja o algún amigo cercano le insiste en que vaya más lento o que esté menos tenso?	1 2 3 4
6. ¿Acostumbra a decir: «Ah, ajá» o «sí, sí, sí», «bien, bien», «ya», cuando le habla una persona. Obligándole así inconscientemente a apresurar su ritmo o acabar su frase?	1 2 3 4
7. ¿Le irrita mucho cualquier tipo de espera, por ejemplo en la caja de un supermercado o a que le atiendan en un restaurante?	1 2 3 4
8. ¿Encuentra intolerable observar cómo otras personas realizan tareas que usted sabe que puede realizar más deprisa?	1 2 3 4
9. ¿Suele realizar varias actividades a la vez, por ejemplo, ver la televisión y leer el periódico mientras come o revisar el correo a la par que habla por teléfono?	1 2 3 4
10. ¿Se impacienta si se ve obligado a realizar tareas repetitivas —rellenar impresos, formularios, firmar resguardos o lavar platos— que aunque necesarias le impiden hacer actividades que a usted realmente le interesan?	1 2 3 4
11. ¿Piensa que normalmente tiene la sensación de tener prisa para realizar cualquier tarea?	1 2 3 4

12. ¿Tiene la costumbre de acentuar excesivamente algunas palabras que considera claves en la conversación habitual, incluso cuando no es necesario remarcarlas? ¿Tiene la tendencia a articular las últimas palabras de sus frases mucho más rápidamente que las palabras iniciales?	1 2 3 4
13. ¿Se esfuerza por pensar o hacer dos cosas simultáneamente? Por ejemplo, mientras intenta escuchar a una persona ¿ le da vueltas a una idea que no tiene ninguna relación con lo que le están hablando?	1 2 3 4
14. ¿Se siente exageradamente irritado incluso rabioso cuando el coche que le precede en una carretera circula a una velocidad que usted considera demasiado lenta?	1 2 3 4
15. ¿Mientras está disfrutando de un descanso, continúa pensando en sus problemas laborales, domésticos o profesionales?	1 2 3 4
16. ¿Es usted de esas personas que leen a toda prisa o intentan siempre conseguir condensaciones o resúmenes de obras literarias realmente interesantes y valiosas?	1 2 3 4
17. ¿Le molestan significativamente los errores de otros, por ejemplo, conductores, la indiferencia de un dependiente o la tardanza de un correo?	1 2 3 4
18. ¿Tiene tendencia a llevar la conversación siempre a los temas que a usted le interesan y cuando no lo consigue pretende escuchar pero en realidad sigue ocupado en sus propias ideas?	1 2 3 4
19. ¿Se siente vagamente culpable cuando descansa y no hace nada durante varias horas o varios días?	1 2 3 4
20. ¿Intenta siempre programar más y más cosas en menos tiempo, de forma que cada vez le queda menos tiempo para imprevistos?	1 2 3 4
21. ¿Da con frecuencia durante la conversación golpes con el puño o palmadas en la mesa o golpea con un puño la palma de la otra mano, dando así énfasis a una palabra especial de su frase?	1 2 3 4
22. ¿Tiende a experimentar una sensación de presión cuando el final de una jornada laboral se aproxima y no puedes hacer todo lo que quisiera?	1 2 3 4
23. ¿Se somete a ciertos plazos en su trabajo que con frecuencia son difíciles de cumplir?	1 2 3 4

24. ¿Tiene tendencia a apretar las mandíbulas, hasta el punto de que le rechinan los dientes?	1 2 3 4
25. ¿Lleva con frecuencia trabajo o material de estudio a su casa por la noche?	1 2 3 4
26. ¿Acostumbra usted a evaluar en términos numéricos no sólo su propio trabajo, sino las actividades de los demás?	1 2 3 4
27. ¿Se siente insatisfecho con su actual trabajo?	1 2 3 4
28. ¿Tiende a experimentar una sensación de agobio por el tiempo en todo momento?	1 2 3 4
29. ¿Suele interrumpir la conversación y terminar la frase del interlocutor que hable demasiado lento?	1 2 3 4
30. ¿Siente la necesidad de ganar y le fastidia el no conseguirlo en cualquier tipo de juego, aunque sea juego de azar, por ejemplo las cartas, o al jugar al parchís?	1 2 3 4

Evaluación[48]

El objetivo de la prueba es llegar a ser consciente de la orientación o tendencia que se puede presentar respecto al Patrón de Conducta Tipo A-B.

Sume las puntuaciones elegidas y compárelas con el siguiente baremo:

Puntuación	Patrón de Conducta Tipo A-B
91-120	¡Peligro! Su patrón de conducta se acerca mucho al tipo A. ¡Cuidado! Tiene que intentar cambiar la situación
71-90	Tendencia al patrón de conducta tipo A. Preste atención si la tendencia es a puntuar alto
51-70	Escasa tendencia al patrón de conducta tipo A
30-50	Nivel bajo. Su patrón de conducta es del tipo B. Manténgase así y potencie hábitos de vida sanos

---

48 La prueba puede servir para reflexionar sobre los comportamientos y estilos de vida que desarrollamos. Es importante no centrarse sólo en el valor numérico de la puntuación obtenida sino en la tendencia, así como en aprovechar para comentar las preguntas con alguien que nos conozca bien. ¿Confirma los resultados? ¿Matizaría algunas cuestiones? Puede ser una buena ocasión para propiciar el diálogo y la evaluación personal.

VII
ADICTOS AL TRABAJO:
«ADICCIÓN DECENTE Y RESPETABLE»

*«Toda forma de adicción es mala, sea al
alcohol, a la morfina o al idealismo»*
(C. Jung)

VII.1. INTRODUCCIÓN

Rafael es el trabajador «modélico» e ideal para cualquier empresario, incansable al desaliento, día y noche no deja de actuar o pensar en la cantidad de tareas que tiene que realizar. No ha terminado un proyecto, cuando ya en su mente aparecen y se comienzan a esbozar varias iniciativas nuevas que rápidamente intenta llevar a la práctica. Se podría decir que en él se cumple el lema de «Born to work» —nacido para trabajar—. Verlo descansar es algo imposible, incluso en los pocos momentos que puede tener de ocio, se las arregla para «montar la oficina en su casa», ya que como un «homo sapiens inalambricus», está permanentemente enganchado al móvil y aprovecha para ir «avanzando» trabajos en su portátil. Sólo le interesan los temas relacionados con su actividad laboral y de ahí que poco a poco su círculo de amigos se esté reduciendo, así como han ido en aumento los problemas en su entorno familiar...»

> *«El trabajo es el refugio de los que no tienen nada que hacer»*
> *(O. Wilde)*

En la relación del ser humano con el trabajo se ha producido un *giro copernicano*; de ser considerado un «castigo divino», hemos pasado a vivir como «un castigo» el no poder llevarlo a cabo. Como hemos descrito en el primer bloque, la valoración social respecto a la actividad laboral tal cual la conocemos hoy, se comienza a construir a partir del siglo XVIII. Desde entonces, el trabajo se ha ido cargando de connotaciones positivas: realización personal, «generador» de identidad o colaboración y responsabilidad con la sociedad. De tal manera, que en la actualidad se sufre por no tenerlo. Tal situación se podría resumir en un verso de una canción de Kiko Veneno: *«Te echo tanto de menos, como antes te echaba de más»*.

Afirmar que una persona es «muy trabajadora» o «que afronta las tareas con tal interés y responsabilidad que no existen para él horas para desconectar», tradicionalmente se ha visto como signo de responsabilidad, profesionalidad e incluso como implicación y compromiso con la empresa o como una actitud de servicio a los demás. Por ejemplo, el administrador fiel que cierra muy tarde la oficina o un cirujano que la última operación del día la realiza a altas horas de la madrugada, han sido muchas veces dignos de admiración. Entonces, ¿por qué se plantea el problema e incluso se habla de adicción?

VII.II. EL TRABAJO COMO ADICCIÓN

Para que se desarrolle una adicción social patológica se tienen que dar una serie de características[49]:

1. ***Centra y organiza la existencia en un deseo incontrolable por conseguir «la droga».*** Lleva al sujeto a polarizarse en torno a una

---

[49] Cfr. ALONSO-FERNÁNDEZ, A. (2003). *Las nuevas adicciones*. Madrid, TEA Ediciones, pp. 16-20.

relación anómala con el objeto —«la droga»—, la cual se desea y vive con una apetencia que escapa al control. Se plantea como el único objetivo en la vida y de ahí que ocupe toda su existencia.

2. *Realiza actos impulsivos o compulsivos.* Se desarrolla una conducta posesiva hacia el objeto. Se moviliza un deseo imparable por conseguirlo y obtener la satisfacción.

3. *Necesidad de sentirse recompensado.* Por un lado, se consigue una gratificación ya que se percibe positivamente como autorrealización al obtener lo que se pretende y por otro, se suprime la sensación negativa de insatisfacción y malestar, al provocarse la relajación por la consecución del objeto.

4. *Repetición de la conducta compulsiva en intervalos de tiempo no demasiado largos.* La conducta se va a ir realizando periódicamente y en momentos cada vez más cortos.

5. *Efectos negativos sobre el individuo y su entorno familiar.* Se presentan consecuencias desagradables para el sujeto, por ejemplo, deterioro de la salud física o mental, y además empiezan a surgir problemas en sus relaciones familiares y sociales.

En síntesis, el proceso de la adicción engloba tres componentes:

a) Un impulso que no se puede controlar.

b) Una tendencia a la reiteración o repetición.

c) Unas consecuencias nocivas para el sujeto.

¿Se pueden aplicar esas características a la actividad laboral? Si tenemos en cuenta los criterios esbozados más arriba, destacaríamos lo siguiente:

1. *El trabajo se desea y se vive con una apetencia incontrolable.* Se plantea como el objetivo más importante en la vida.

2. *Se desarrolla una inquietud por conseguirlo* y se produce satisfacción cuando se lleva a cabo.

3. Se obtienen «recompensas» cuando se realiza la actividad laboral y cesa también la insatisfacción e incomodidad que provocaba el que no se estuviera desempeñando. Es decir, la inactividad crea malestar e incomoda.

4. Es una conducta que se produce con gran intensidad y acapara la mayoría del tiempo existencial del sujeto. Se tiende a realizar de manera continua y compulsiva, no deja de repetirse.

5. Aparecen consecuencias o efectos negativos que repercuten en el individuo: problemas familiares, aislamiento, «anestesia» social, etc.

En general, todo adicto se resiste a reconocer que tiene un problema. Por esta razón, se suele denominar a las adicciones como las *enfermedades de la negación*. Cuando se trabaja con alcohólicos o drogadictos es normal escuchar frases como: «cuando quiera lo puedo dejar»; «controlo la situación»; «no tomo tanto» o «hago lo que hace la mayoría de la gente».

También se denominan *enfermedades invisibles* por su facilidad para pasar inadvertidas durante un largo periodo de tiempo. En la práctica suele ser el sujeto el último en darse cuenta y en reconocer su pérdida de libertad. A veces, hasta que no «toca fondo» y surge algún problema de salud, laboral o familiar, no aceptará la situación y acudirá a pedir ayuda. En esta línea, cobra sentido el inicio de cualquier intervención en una reunión de Alcohólicos Anónimos, «Me llamo Juan y soy alcohólico». El reconocimiento es el punto de partida para comenzar a plantearse el cambio.

En el tema que nos ocupa, la adicción al trabajo, la solución se complica, ya que la relación con «la droga» presenta connotaciones que son *valoradas socialmente*. Por ejemplo, decirle a una persona que es «muy trabajadora» puede ser visto como un halago o un elogio y se convierte en un reforzamiento para seguir realizando esa actividad. No procedería dirigirse a alguien en términos como «eres un fabuloso alcohólico o cocainómano», «¡Qué bien bebes!» o «¡Cuánto esnifas!».

¿Cómo plantearse que hay un problema y en consecuencia, llegar a dejar de hacer algo que es beneficioso socialmente? De ahí que la adicción al trabajo sea muy difícil de cuestionar, ya que puede estar activada por la misma presión del ambiente laboral o por ciertas «causas justas». Por ejemplo, conseguir una mayor productividad con el consiguiente beneficio para la empresa. Dicha conducta también redundará en un mejor servicio a la sociedad y

en el posible reconocimiento social que permita una alta calidad de vida, por ejemplo, ser considerado un empleado modélico con la posibilidad de ascender profesionalmente.

En consecuencia, esta tendencia a trabajar en exceso por encima de los propios límites y necesidades personales, por mera dependencia psicológica, se podría entender como *el dolor o sufrimiento que otros aplauden* y el peligro es que se incremente al ser reforzada y mantenida por su propio entorno social. Lo más lamentable es que ese «premio social» puede desembocar en el desastre físico y psíquico del que lo padece.

¿Cómo sensibilizarse ante el problema? Ignacio de Loyola, que algo sabía por experiencia propia de las posibilidades de autoengaño que tienen los seres humanos, afirmaba en su lenguaje peculiar que era propio de la tentación o «mal espíritu» presentarse *sub angelo lucis*[50]. Es decir, el peligro está en que aquello que puede hacer daño se presenta «como un ángel de luz», o «so capa de bien» —bajo especie de bien—. Así, el propio sujeto suele engañarse y fácilmente racionaliza su alteración. No es raro escuchar frases como «¿A quién hago mal? «¿No nos viene de maravilla para ascender y aumentar nuestros recursos económicos?», «¡Si bebiera sería mucho peor!»

El propio Ignacio de Loyola también aporta pistas para realizar un buen discernimiento o aclarar la situación: sólo a través de las consecuencias podremos tener algo de claridad para poder cuestionar ese estilo de vida[51]. La experiencia demuestra que la adicción al trabajo, «el mal espíritu», enflaquece, inquieta y elimina toda la paz y tranquilidad que el sujeto tenía, provocando efectos negativos en la salud física y psíquica.

Al mismo tiempo, es un tipo de adicción en la que no se puede plantear *la tolerancia cero*. Por ejemplo, respecto al alcohol o el juego, el objetivo es que la persona deje de estar en contacto con la «droga». Sin embargo,

---

50 Describimos el texto que expresa la regla cuarta para el discernimiento de espíritus propia de la segunda semana de los Ejercicios Espirituales: «*Propio es del ángel malo, que se forma sub angelo lucis, entrar con la ánima devota, y salir consigo; es a saber, traer pensamientos buenos y sanctos conforme a la tal ánima justa, y después, poco a poco, procura de salirse trayendo a la ánima a sus engaños cubiertos y perversas intenciones*»(Ejercicios Espirituales nº 332).

51 «*Debemos mucho advertir el discurso de los pensamientos; y si el principio, medio y fin es todo bueno, inclinado a todo bien, señal es de buen ángel; mas si en el discurso de los pensamientos que trae, acaba en alguna cosa mala o distrativa, o menos buena que la que el ánima antes tenía propuesta de hacer, o la enflaquece o inquieta o conturba a la ánima, quitándola su paz, tranquilidad y quietud que antes tenía, clara señal es proceder de mal spíritu, enemigo de nuestro provecho y salud eterna*»(Ejercicios Espirutales nº 333).

el trabajar en sí no es algo nocivo y además es un medio necesario para ganarse la vida y realizarse humana y profesionalmente. Por ello, el objetivo será conseguir que el sujeto se sensibilice y acerque de otra manera a la actividad laboral.

En el contexto anglosajón se emplea el término *workaholism* —*laboradicto*— para referirse a la adicción al trabajo. El concepto no tiene nada que ver con cogerse una buena «cogorza» o borrachera en el lugar de trabajo. La «laboradicción» consiste en desear trabajar a todas horas, cuantas más mejor y en todas partes. Algo así como «emborracharse» de trabajo.

Su origen es relativamente reciente. Se tiene constancia de su empleo en 1968, cuando un profesor norteamericano de religión, W. E. Oates, compara en broma su propia relación con el trabajo, con un cierto «alcoholismo»[52]. Posteriormente, en 1971 publica el primer libro sobre *Workaholism* y ya lo define como una necesidad excesiva e incontrolable de trabajar incesantemente, que tiene repercusiones en la salud física y en la psicológica o emocional, y que afecta a las relaciones de la persona[53]. De ahí que un exceso en el uso de la «droga» pueda ocasionar graves problemas en el sujeto.

En Japón ha saltado la señal de alarma ya que se producen muertes por *Karoshi*, fallecimientos precoces por exceso de trabajo. Sin embargo, parece que no hay que relacionarlo sólo con la adicción al trabajo ya en el entorno nipón el trabajo se vive más como una imposición y no tanto como una adicción. De ese modo, la muerte se debe más a las nocivas condiciones de trabajo que conducen a una sobrecarga de fatiga física y al agotamiento emocional.

VII.III. CARACTERÍSTICAS DE LOS ADICTOS AL TRABAJO

La detección de los adictos al trabajo puede anticiparse si se presta atención a dos pistas que se suelen observar en su estilo de vida:

1. La exclusión de cualquier tarea que no guarde relación con el trabajo.

---

52 OATES, W.E. (1968). «On being a "workaholic" (a serious jest)». *Pastoral Psychology*, 19,16-20.

53 OATES, W.E. (1971). *Confessions of a workaholic: the facts about work addiction*. New York: World.

2. La dedicación de casi todo su tiempo y sus energías a la actividad laboral.

Tales sujetos «sacralizan» el trabajo y esa actividad laboral pasa a convertirse en el único sentido y fin de su vida. Describimos algunos rasgos:

- *La satisfacción profesional tiene un gran peso* y figura entre las sensaciones más fuertes que pueden experimentar.

- Son personas que presentan *una alta ambición y competitividad*. Son individuos consagrados al logro de éxitos o triunfos, lo que se espera que indirectamente revierta en una mejor posición social, ascensos o dinero.

- *Las diversiones y el descanso se viven como una pérdida de tiempo*, de ahí que se renuncie al tiempo libre o a las vacaciones. Son personas que lo pasan mal cuando no trabajan y no es extraño que estén inquietos e irritados en periodos de descanso.

- *Se sienten desolados, angustiados, vacíos e incómodos cuando se encuentran alejados de la actividad laboral*. El tiempo libre se convierte en una pesada carga que se eterniza y parece que nunca terminase de pasar.

- *Los problemas del trabajo ocupan su atención incluso en los periodos de reposo*. Piensan noche y día en su ocupación profesional. Se esfuerzan por encontrar soluciones para los problemas de la empresa, bien sean reales o imaginarios.

- *Se aíslan y evitan el contacto social*, por ejemplo les disgusta incluso que le llamen los amigos ya que no puede quedar con ellos.

- *Desconectan de la convivencia familiar*. Por ejemplo, olvidan todos los aniversarios y las celebraciones familiares. A su vez, se abandona la comunicación y desarrollan un trato autoritario. Con frecuencia la salud del cónyuge o la de los hijos se resiente al no poder soportar los continuos estados de irritación, enfados y las crisis de cólera que acometen al cabeza de familia.

- *La relación con los compañeros de trabajo se vuelve tiránica y despótica.* Sienten que no van a su ritmo y les exigen de manera desproporcionada.

- *Les agrada el conseguir la reputación de ser un «maníaco del trabajo».* No consienten en interrumpir o moderar su actividad laboral. Se perciben como personas indispensables, en parte porque creen que pueden ser castigados si dejan el trabajo —por ejemplo, con un descenso de categoría— o por la vergüenza que sienten sobre lo que puedan pensar los demás —sus compañeros y jefes— si abandonan la labor. Parecen responder al eslogan *Born to work*, «nacidos para trabajar».

- *Se encuentran fatigados e irritables.* Pueden desarrollar diferentes alteraciones:

  - *Físicas-somáticas*: como jaquecas, cefaleas, problemas para conciliar el sueño, insomnio, pérdida de apetito y peso, tensión corporal, contracturas musculares o taquicardias.
  - *Psicológicas:* ansiedad, irritabilidad, falta de atención y concentración, síntomas depresivos —tristeza o apatía.
  - *Sociales o en la relación de convivencia:* aislamiento, disminución de la comunicación con familiares y amigos, falta de interés social, trastornos sexuales, etc.

- *Se presentan como sujetos descontrolados, no sólo en la entrega desmedida al trabajo, sino en el consumo abusivo de sustancias*: café, alcohol, drogas, y también con mucha frecuencia el uso de productos tranquilizantes. Estos estimulantes se presentan como «ayudas» para protegerse contra el agotamiento físico y emocional que les inunda. Si bien, estos soportes pasan a ser *muletas antropófagas* ya que van destruyendo la salud física y psíquica del sujeto.

- *Son incapaces de relajarse.* Necesitan realizar actividades para sentirse mejor y cuando terminan una ya tienen en mente otra. Sienten que las deben hacer, ya que tienen miedo a parar. Creen que al llevar a cabo más tareas, al ser más «competentes», serán más apreciados. De ahí que tiendan a comprometerse en más funciones de las que pueden atender, con lo que aumentan la sobrecarga física y emocional.

- Al mismo tiempo, *desarrollan un estilo de vida anárquico e irregular*. No existen horarios, pues todo está articulado según la actividad laboral.

- *El rendimiento laboral se ve perjudicado*, lo que ocasiona el descrédito entre los compañeros y los jefes. Al ser personas que se valoran por sus logros, necesitan el reconocimiento de los demás para sentirse bien. Si comienzan a desfallecer en el trabajo, entran en un *círculo vicioso*: trabajar más para tener una mejor valoración; esto les provoca un mayor agotamiento y en consecuencia, rinden menos, por lo cual temen ser peor evaluados.

Es importante distinguir y no confundir a la persona muy trabajadora con el adicto al trabajo. Destacamos en la tabla siguiente algunas diferencias:

PERSONA TRABAJADORA	PERSONA ADICTA AL TRABAJO
1. El trabajo le resulta atractivo. Le encanta trabajar. El trabajo refuerza y aporta recompensas personales.	1. De partida presenta ganas por trabajar si bien posteriormente pasa a utilizarse como mecanismo para evitar el malestar cuando no realiza alguna actividad laboral.
2. El trabajo es un medio. «Trabaja para vivir».	2. El trabajo se convierte en el único fin y sentido de su existencia. Necesita el trabajo para llenar su vida. «Vive para trabajar».
3. Se plantea objetivos personales y profesionales. Se esfuerza por realizar un trabajo competente o bien hecho.	3. Actúa movido por otros objetivos: dinero, prestigio, reconocimiento social o promoción laboral.
4. Tiene presente la ética.	4. Es capaz de actuar sin principios morales con tal de conseguir lo que pretende: *El fin justifica los medios*.
5. Valora el trabajo en equipo.	5. Es individualista y detesta el trabajo en equipo.
6. Se relaciona bien con los colaboradores.	6. Desarrolla un trato despótico y autoritario con los compañeros y subordinados.

7. Suele organizar y administrar adecuadamente el tiempo.	7. Se presenta «esclavizado» por el reloj.
8. Es asertiva, sabe decir NO a actividades que no le vienen bien.	8. No sabe decir NO a toda tarea relacionada con el trabajo. Se carga con múltiples compromisos laborales.
9. Concilia la vida familiar, social y profesional.	9. Sólo se dedica a la actividad laboral. Anula a la familia y las relaciones sociales. Encuentra más alicientes en el centro de trabajo que en su vida privada. No hay separación entre la agenda personal y la laboral. Transforma su casa en otra oficina.
10. Disfruta y goza con el trabajo.	10. Realiza las actividades con tensión y estrés.
11. Transmite un estado de relajación y bienestar.	11. Comunica agobio y frustración.
12. Aprovecha positivamente el tiempo libre: sabe descansar y sacarle partido a las vacaciones.	12. Le agobia y molesta cualquier atisbo de alejamiento del trabajo. Siente el *pánico del viernes por la tarde* y el momento de abandonar el lugar de trabajo. En vacaciones puede «padecer» el «síndrome de abstinencia», con sus efectos psicológicos, deseo por volver a su actividad, y físicos, malestar, tensión o ansiedad.
13. No suele tener alteraciones psicosomáticas.	13. Presenta problemas psicosomáticos: tensión muscular, dificultad para conciliar el sueño o insomnio. De ahí que acuda al uso de estimulantes: café, alcohol, drogas o tranquilizantes.
14. El trabajo potencia la autorrealización de la persona.	14. El trabajo se convierte en un «narcótico», en un escape o una huída para no afrontar otros problemas.

Tabla 2. Diferencias entre la persona trabajadora y la persona adicta al trabajo

VII.IV. ANEXO: CUESTIONARIO SOBRE LA ADICCIÓN AL TRABAJO

Responda a las siguientes preguntas según se identifique o reconozca en su manera normal de actuar. Recuerde que no hay una respuesta mejor que otra, sino que lo importante es describir su modo de proceder actual. Conteste según el siguiente criterio:

1: Nunca
2: Casi nunca
3: Casi siempre
4: Siempre

1. Suelo tener un horario determinado que cumplo regularmente.	1 2 3 4
2. Prefiero realizar personalmente la mayoría de las tareas antes que pedir ayuda.	1 2 3 4
3. Suelo ignorar, minimizar o incluso olvidar fechas significativas como celebraciones, cumpleaños, aniversarios, reuniones o salidas con amigos.	1 2 3 4
4. Suelo impacientarme cuando tengo que esperar a alguien o cuando alguien se retrasa demasiado.	1 2 3 4
5. Tengo la sensación de hacer algo incorrecto cuando salgo del trabajo a la misma hora que el resto de mis colegas.	1 2 3 4
6. Me parece estar en una carrera o librando una batalla permanente contra el reloj.	1 2 3 4
7. Noto que me falta algo si dejo el maletín o el portátil en el trabajo.	1 2 3 4
8. Me irrita cuando me interrumpen mientras estoy a la mitad de alguna actividad.	1 2 3 4
9. Es normal que me lleve a casa informes, materiales o lecturas relacionados con el trabajo.	1 2 3 4
10. Sé cuando entro al trabajo pero no cuando salgo.	1 2 3 4
11. Es habitual que me encuentre realizando dos o tres actividades a la vez.	1 2 3 4
12. Tiendo a abarcar más tareas de las que realmente puedo llevar a cabo.	1 2 3 4

13. Me siento mal y culpable si no trabajo en algo.	1 2 3 4
14. Me quejo continuamente de que me falta tiempo.	1 2 3 4
15. Es importante que vea los resultados concretos de lo que hago.	1 2 3 4
16. Tengo la sensación de que los acontecimientos y las personas se mueven demasiado lentos.	1 2 3 4
17. Me irrita que las tareas no salgan según mi manera o como a mí me gustaría que se realizaran.	1 2 3 4
18. Pierdo mucho tiempo planificando mentalmente y pensando sobre los sucesos futuros mientras que se me escapa el presente.	1 2 3 4
19. Suelo encontrarme trabajando cuando mis colegas han terminado y ya han abandonado el lugar de trabajo.	1 2 3 4
20. Mis conversaciones suelen girar sobre temas laborales.	1 2 3 4
21. Dedico más energías a mi trabajo que a las relaciones con mis seres queridos o con los amigos.	1 2 3 4
22. La mayoría de las llamadas telefónicas que recibo son del trabajo o relacionadas con la actividad laboral.	1 2 3 4
23. No suelo dedicar tiempo a leer o hablar sobre temas «intrascendentes» como el deporte, la cultura, la política, etc.	1 2 3 4
24. Me disgusta cuando me encuentro en situaciones que no puedo controlar.	1 2 3 4
25. Me siento incómodo conmigo mismo por cometer el más mínimo fallo o error.	1 2 3 4
26. Dedico más tiempo a trabajar que a relacionarme con mis amigos o a practicar algún tipo de afición o deporte.	1 2 3 4
27. Tiendo a estar bajo la presión de los plazos de entrega, que a veces yo mismo he fijado o me he autoimpuesto.	1 2 3 4
28. Es difícil relajarme cuando no trabajo.	1 2 3 4
29. Prefiero trabajar solo que con otros.	1 2 3 4
30. Suelo tomar algún tipo de estimulante —café, alcohol, tranquilizantes…— para mantenerme activo y superar el cansancio.	1 2 3 4
31. Suelo trabajar incluso en vacaciones o estando enfermo.	1 2 3 4

32. Necesito supervisar y asegurarme del trabajo que realizan aquellas personas que están a mi cargo.	1 2 3 4
33. Suelo trabajar mucho más de lo que estipula mi contrato. Es decir, mis hábitos laborales exceden lo prescrito.	1 2 3 4
34. Me siento muy comprometido con mi empresa. La vivo como algo mío.	1 2 3 4
35. Tiendo a padecer molestias o alteraciones físicas: tensión muscular, contracturas, dificultades para conciliar el sueño, insomnio, etc.	1 2 3 4

Evaluación

El objetivo de la prueba es ser consciente de la orientación o tendencia que se puede presentar respecto a la variable «adicción al trabajo».

Sume las puntuaciones elegidas y compárelas con el siguiente baremo:

Puntuación	Adicción al Trabajo
111-140	¡Peligro! Su estilo de vida se asemeja al del «adicto al trabajo». ¡Cuidado! Tiene que intentar cambiar la situación.
81-110	Se aproxima hacia una conducta adictiva al trabajo. Preste atención si la tendencia es a puntuar alto.
61-80	Escasa tendencia a la adicción al trabajo.
35-60	Nivel bajo. Su estilo de vida es lejano al «adicto al trabajo». Manténgase así y potencie hábitos de vida sanos.

VIII
EL ESTRÉS: «LA CHISPA DE LA VIDA O LA CARCOMA QUE CORROE, DETERIORA Y MATA»

«Mientras que el tigre no puede dejar de ser tigre, no puede "destigrarse", el hombre vive en riesgo permanente de deshumanizarse»
(J. Ortega y Gasset)

VIII.1. Introducción

María está permanentemente tensa y nerviosa. Experimenta una agitación interna que le incomoda y molesta. Tiene la sensación de estar en guardia o a la defensiva esperando una situación amenazante que se presente inesperadamente. Vive en un estado continuo de ansiedad anticipatoria. Su familia está preocupada ya que ve que ha perdido peso y que tiene reacciones inapropiadas: miedos, agresividad, ansiedad, etc.

> *«El cerebro, pese a algunos neurocientíficos —no todos—, no está a la altura de las circunstancias. No hay más que mirar alrededor para constatarlo. El conocimiento heredado por los genes —el temor a las arañas y las serpientes, la ansiedad paralizante frente al gruñido de una leona— es irrelevante en el contexto de hoy día. El conocimiento adquirido es, básicamente, infundado. Muy poco de todo lo aprendido durante los últimos sesenta mil años, antes de la revolución científica y tecnológica, nos servirá de guía para buscar el éxito y la felicidad en los nuevos escenarios que se avecinan. Habría que cambiar de manera de pensar. Pero no me refiero a los cambios de mentalidad que, siendo más lentos que los cambios técnicos y sociales, son frecuentes, sino a la manera de pensar, al proceso cognitivo, a la metodología para interpretar las sensaciones».*
>
> *(E. Punset)*

El término *estrés* es uno de esos conceptos que han adquirido carta de «ciudadanía universal». Cualquier persona, independientemente de su condición social, es fácil que lo emplee en su lenguaje cotidiano[54]. El problema no es sólo que se ponga de moda su uso, sino que realmente refleje la realidad penosa que traduce el término. La experiencia demuestra que en las sociedades supuestamente llamadas modernas, el ser humano más que vivir, «mal vive» o se «desvive», repercutiendo dicha situación en su salud física y psíquica. Lo lamentable del estrés es que deteriora, ocasiona alteraciones y en consecuencia, impide gozar de la vida[55].

La palabra estrés deriva del latín *stringere*, que significa «provocar tensión». En su relación más cercana, el vocablo estrés —*stress*— procede de la palabra inglesa *strain* —tensión, esfuerzo—, y en su origen tiene relación con el campo de la Física, refiriéndose a aquellas fuerzas que se aplican a un objeto y que pueden provocarle una deformación extrema, con la posibilidad de ocasionar su ruptura o desintegración.

---

54 El escritor Juan Cueto hace referencia al concepto de PEB (Producto Estrés Bruto) dado el peso que el estrés tiene en la actualidad. El País semanal, 23-07-2006, p. 8.

55 Para profundizar en el tema de estrés véase TRECHERA, J.L. (2000). *Introducción a la Psicología del Trabajo*. Bilbao: Desclée de Brouwer. TRECHERA, J.L. (2004). *Como gota de agua. La Psicología aplicada a las organizaciones*. Bilbao: Desclée de Brouwer.

Cuando se emplea el término en el contexto psicológico se pretende trasladar la experiencia que se tiene del campo de la Física. El ser humano está expuesto a múltiples demandas del entorno y puede reaccionar ante ellas de una manera que le provoque tensión y llegue incluso a correr el peligro de «desintegrarse».

El estrés sería la respuesta de adaptación a unas demandas muy dispares que denominamos factores de estrés. Se podría plantear como un esquema de «reacciones arcaicas» frente a la exposición a distintos estresores y que preparan al organismo para pelear, huir o adaptarse a la supuesta amenaza. Como se recoge en la guía que publicó la Comisión Europea en el año 2002:

> *«El estrés era la respuesta adecuada cuando el hombre prehistórico tenía que enfrentarse a una manada de lobos, pero no lo es cuando el trabajador actual tiene que esforzarse para adaptarse a turnos cambiantes, tareas monótonas y fragmentarias o a clientes amenazantes o excesivamente exigentes»*[56].

En el comienzo de nuestra historia evolutiva la capacidad de utilizar esta reacción de adaptación, huida o lucha, era lo que marcaba la diferencia entre morir y seguir vivo. La vida plantea demandas continuas. Todos los días nos enfrentamos a nuevos desafíos. El estrés es un estado de excitación a partir del cual el organismo reacciona ante las distintas exigencias. Hay que tener claro que no podemos vivir sin cierta tensión o algo de estrés, ya que vivir significa estar expuesto a todo tipo de retos.

Como podemos observar en el texto de E. Punset que abre este apartado, las causas del estrés han cambiado enormemente, pero la primitiva respuesta del ser humano ha permanecido inalterada. La sociedad actual ha creado nuevas demandas que ponen a prueba nuestra capacidad de sobrevivir. Así, la utilización de algunos esquemas de respuesta de adaptación ya no sirven para enfrentarse a las situaciones estresantes de la vida cotidiana en el mundo de hoy. De ahí que muchas veces el organismo no sea capaz de dar la respuesta adecuada a esas exigencias. Por ejemplo, en la actualidad es muy difícil que alguien pueda morir por la mordedura de una serpiente o el ataque de una araña. Sin embargo quizás se reaccione de una manera más desproporcionada a los arácnidos o a los ofidios que a los automóviles,

---

56 COMISIÓN EUROPEA. (2002). *Guía sobre el estrés relacionado con el trabajo.* Luxemburgo: Oficina de Publicaciones Oficiales de las Comunidades Europeas, p.7. http://europa.eu.int

cuando en la práctica, hay más peligro de perder la vida en contacto con un coche que con una tarántula.

El organismo muchas veces no responde adecuadamente a los problemas que se le presentan. Esa experiencia no sería perjudicial siempre y cuando se pudiera controlar la situación y se pudiera liberar la energía y la tensión generada por la reacción de lucha o huida. En el ritmo de vida actual nos enfrentamos de manera continua con exigencias que excitan a nuestro cuerpo. La presión se acumula y provoca que el sujeto viva situaciones estresantes que pueden llegar a la desintegración: el agotamiento y la enfermedad.

H. Selye en 1936 fue el primero en realizar una sistematización teórica sobre el tema del estrés. Para él, el estrés sería una respuesta no específica del organismo ante las demandas del ambiente. Es decir, normalmente dentro del proceso de adaptación en los seres vivos, el organismo se acomoda y reacciona ante los estímulos externos. Por tanto, el estrés sería una respuesta descontrolada o no adecuada en el proceso de acomodación ante ciertos estímulos ambientales o estresantes.

Para Selye, la respuesta del ser humano ante el estrés entraría dentro de lo que denomina *Síndrome general de adaptación o activación (SGA)*, que consta de tres fases:

1. *Alarma*. Ante un estímulo estresante, el organismo reacciona preparándose para la respuesta, tanto para luchar como para huir. Se provoca por un lado una activación del sistema nervioso, por ejemplo, tensión muscular, taquicardia, aumento frecuencia respiratoria, secreción de adrenalina y noradrenalina…

   Por otro, se produce una activación psicológica, aumentando la capacidad de atención y concentración. Todo este proceso pone al sujeto en un «estado de alerta» y posibilita una pronta respuesta. Si no se soluciona la situación estresante se pone en marcha la siguiente fase.

2. *Resistencia*. Se intenta responder a la amenaza. Sin embargo, el organismo no puede soportar durante mucho tiempo la estimulación simpática —adrenalina, noradrenalina, etc.

3. *Agotamiento*. El organismo carece de capacidad de activación, se da por vencido y es incapaz de enfrentarse o soportar las situaciones estresantes. La consecuencia es que supera la capacidad de resistencia y cae por debajo del funcionamiento normal en una fase de agotamiento, con la aparición de alteraciones psicosomáticas.

Por tanto, hay que resaltar que el término estrés se refiere a un mecanismo de adaptación que tiene el organismo y que es necesario para su supervivencia. De ahí que Selye distinguiera entre un estrés positivo *eustrés*, que provoca satisfacción, seguridad y repercute en componentes sanos para el sujeto y un estrés destructivo, negativo, cuyos niveles sobrepasan la posibilidad de adaptación, al que denominó *distrés*[57].

El estrés en sí no es malo, puede resultar estimulante para la persona cuando ésta pone en juego sus capacidades para enfrentarse y resolver satisfactoriamente los distintos problemas que se le presentan. Es decir, sin estrés no habría vida o dicho de otra manera, *sólo se deja de estar estresado cuando se muere*. De ahí que un cierto nivel de estrés sea inevitable y beneficioso ya que empuja al sujeto a realizar un reto y a salir de su «zona de comodidad». Sin esa cierta tensión no nos movilizaríamos muchas veces. Por el contrario, el *«distrés»* o estrés negativo corresponde a una respuesta descontrolada frente al estímulo que genera una sobrecarga emocional.

Aunque la reacción de lucha o huida ante una situación que inquieta es necesaria y saludable, cuando es inapropiada o se mantiene durante demasiado tiempo, provoca consecuencias desagradables para el organismo. La tensión o energía acumulada puede producir un tipo de estrés dañino y tener repercusiones negativas en el sujeto.

VIII.II. ELEMENTOS CONSTITUTIVOS DEL ESTRÉS

Se puede afirmar que hay tantas definiciones de estrés como autores que han estudiado el tema. Como ejemplo, resaltamos algunas:

- *El estrés es un desequilibrio sustancial entre las demandas ambientales y la capacidad de respuesta del organismo*[58].

- *El estrés es una conducta que aparece cuando las demandas del entorno superan a las capacidades para afrontarlas*[59].

---

57 Cfr. SELYE, H. (1974). *Stress with distress*. Philadelphia: Lippincott.
58 Cfr. MCGRATH, J. (1970). *Social and psychological factors in stress*. New York: Holt.
59 Cfr. KALS, S. (1978). Epidemiological contributions to the study of stress. COOPER, C.-PAYNE, R. (Eds.). *Stress at work*. New York: Wiley, pp. 3-48.

- *El estrés es una relación particular entre el individuo y el entorno que es evaluado por éste como amenazante o que desborda sus recursos y pone en peligro su bienestar*[60].

Las distintas definiciones destacan que el estrés es un proceso en el que se crea una relación entre una situación externa —estímulos estresantes— y el organismo que ocasiona una descompensación del mismo ante las demandas del ambiente y los recursos disponibles para responder adecuadamente a la estimulación externa.

Por tanto, existirían dos dimensiones importantes en el estrés:

a) *El estímulo o situación amenazante.* ¿Qué características presentan esos estímulos estresantes?

b) *La capacidad de la persona para reaccionar ante la amenaza:* recursos del individuo que incluye los tipos de personalidad y especialmente, la elaboración interna o el proceso cognitivo que realiza cada persona.

Y a su vez, es fundamental la interacción que se produce entre las dos variables. Así, las mismas circunstancias no provocan idénticos efectos en todos los sujetos.

a) Los estímulos estresantes

> «El microbio no es nada, el terreno lo es todo»
> (Cl. Bernard)

Los estímulos o situaciones estresantes serían aquellas demandas que desbordan la capacidad del sujeto para darles respuesta. Normalmente, pueden venir del entorno físico pero fundamentalmente será el contexto social el que propicie situaciones estresantes.

De ahí que la labor de diversos investigadores haya tenido por objeto la cuantificación de esos *acontecimientos vitales*, es decir, la descripción de una especie de *microestresores* que actuarían como generadores de estrés. Por ejemplo, Holmes y Rahe[61] le pidieron a una muestra amplia de sujetos que

---

60 Cfr. LAZARUS, R.- FOLKMAN, S. (1984). *Stress, appraisal, and doping.* New York: Springer.

61 Cfr. HOLMES, T- RAHE, R. The social readjustement rating scale. *Journal Psychosomatic Research*, 11, 1967, pp. 213-218.

atribuyeran valor estresante a una serie de situaciones que normalmente se consideran etapas de cambio en la vida de las personas. Los sujetos tenían que puntuar los acontecimientos que habían vivido en el último año por encima o por debajo de un hipotético valor de 50, en función del impacto que habían experimentado. Así se construyó la *Escala de acontecimientos vitales*.

ESCALA DE ACONTECIMIENTOS VITALES

ACONTECIMIENTOS	PUNTOS
Muerte del cónyuge	100
Divorcio	73
Separación conyugal	65
Encarcelamiento	63
Muerte de un familiar cercano	63
Enfermedad o accidente grave	53
Matrimonio	50
Despido	47
Reconciliación con el cónyuge	45
Jubilación	45
Cambio en el estado de salud de algún miembro de la familia	44
Embarazo	40
Dificultades o trastornos sexuales	39
Existencia de un nuevo familiar (nacimiento, adopción, etc.)	39
Reajuste laboral	39
Cambio en la situación económica	38
Muerte de un amigo íntimo	37
Cambio a una línea o tipo de trabajo distinto	36
Incremento importante en las disputas conyugales	35
Hipoteca (compra de casa, negocio, etc.)	31
Vencimiento de hipoteca o préstamo	30
Cambio importante en las responsabilidades laborales	29
Abandono del hogar por parte de algún hijo	29
Problemas con la justicia	29

Triunfo personal sobresaliente	28
El cónyuge empieza o termina un trabajo fuera de casa	26
Inicio o finalización de la escolaridad	26
Cambio importante en las condiciones de vida	25
Cambio de hábitos personales (vestuario, amigos, etc.)	24
Problemas con el jefe	23
Cambio en el horario o las condiciones de trabajo	20
Cambio de residencia	20
Cambio de escuela	20
Cambio en las actividades de ocio	19
Cambio en la actividad religiosa	19
Cambio en las actividades sociales	18
Contraer hipoteca o préstamo de poca importancia	17
Cambio en los hábitos de sueño	16
Cambio en la frecuencia de reuniones familiares	15
Cambio en los hábitos de alimentación	15
Vacaciones	13
Fiestas navideñas	12
Infracciones leves de la ley (infracción de tráfico, etc.)	11

Evaluación[62]

Se señalan aquellos acontecimientos que alguien ha tenido durante el último año. Se suman las puntuaciones y se compara con el baremo siguiente:

Puntuación	Riesgo de estrés
Más de 300 puntos	Estrés elevado
Entre 150 y 299 puntos	Estrés moderado
Menos de 150 puntos	Estrés ligero

---

[62] A parte de la puntuación obtenida hay que tener en cuenta que el nivel de estrés también va a depender del tipo de personalidad y los recursos que disponga el sujeto para afrontarlos.

En la misma línea, Elliot y Eisdorfer[63] desarrollaron una taxonomía que describía cuatro niveles de intensidad estresora relacionados con su duración temporal, y no tanto centrada en los acontecimientos individuales.

TIPO DE ESTRESORES	EJEMPLOS
1. Estresores agudos limitados en el tiempo	La espera ante el resultado de una biopsia o un pequeño incidente de tráfico
2. Secuencias estresantes	Un reajuste laboral o la muerte de un ser querido
3. Estresores intermitentes crónicos	La realización de pruebas de evaluación o exámenes
4. Estresores crónicos continuos	Una enfermedad degenerativa o una situación de disputa familiar mantenida durante mucho tiempo

Tabla 3. Niveles de intensidad estresora según Elliot y Eisdorfer (1982)

b) La elaboración interna: el proceso cognitivo

> «No sufrimos por el choque de nuestras experiencias el llamado "trauma", sino que inferimos de ellas precisamente lo que se ajusta a nuestros propósitos. Estamos "autodeterminados" por el significado que damos a nuestras experiencias y probablemente siempre está implicada cierta parte de error cuando tomamos determinadas experiencias como base para nuestra futura vida. Los significados no están determinados por las situaciones, sino que nos determinamos a nosotros mismos por el significado que damos a las situaciones».
>
> (A. Adler)

En relación con la explicación del mecanismo que desencadena el estrés, en los últimos años se presta más atención a los aspectos psicológicos o cognitivos. Es decir, no sería tanto el estímulo estresante el que precipitaría la respuesta de estrés, sino la interpretación que realiza el sujeto de la misma.

---

63 Cfr. ELLIOT, G.- EISDORFER, C. (Eds.). (1982). *Stress and human health*. New York: Springer Berlag.

Es importante resaltar que el cerebro humano está *encerrado y a oscuras*. Como afirma el neurofisiólogo R. Llinás, *«los humanos tenemos endoesqueleto y los crustáceos exoesqueleto y la diferencia es inmensa»*. Es decir, el cerebro es el que programa y guía a los seres humanos, pero el cerebro no puede saber gran cosa porque está encerrado y a oscuras, es impenetrable y misterioso. De ahí, la importancia del tipo de estímulos o información que recibe el cerebro del exterior, según la cual realiza una determinada elaboración de la realidad:

> *«El cerebro es un sistema cerrado, perforado por los sentidos. El sistema nervioso tiene que hacerse una idea de lo que hay fuera en base a la memoria genética y a lo que captan los sentidos. Con esas tres variables genera un estado interno que solamente existe dentro»*[64].

De esa manera, el estrés surgiría como consecuencia de la puesta en marcha de estos procesos de *valoración cognitiva*. Si el sujeto interpreta la situación como peligrosa o amenazante, y considera que sus recursos son escasos para hacer frente a estas consecuencias negativas, surgirá una reacción de estrés que puede llegar a ser desproporcionada. Por esta razón, idénticas situaciones de amenaza son percibidas e interpretadas de distinta forma por los individuos y sus respuestas son también diferentes. Por ejemplo, una experiencia puede resultar angustiosa y llena de tensiones para algunas personas y para otras, ser un motivo de deleite.

En este proceso de elaboración cognitiva entran en juego *los pensamientos distorsionados*. Si en nuestro modo de proceder tienen «caldo de cultivo» determinados «filtros mentales», por ejemplo, excesiva inseguridad, baja autoestima, sentimientos de inutilidad, visión polarizada de la realidad, percepción catastrofista o negativismos, no sería raro que con esas «gafas» nuestra construcción de la realidad sea negativa. A su vez, si a lo largo de nuestra historia hemos interiorizado «ideas erróneas» tales como que «tengo que ser amado y aprobado por todos», «debo agradar siempre», «es necesario ser competente y capaz de culminar con éxito todas las empresas», «no puedo cometer ningún fallo», es «lógico» que elaboremos una determinada realidad.

---

64 PUNSET, E. (2005). *Cara a cara con la vida, la mente y el Universo*. Barcelona: Ediciones Destino, p. 153.

Para A. Ellis y R. Harper[65] la reacción que tengamos, tiene poco que ver con los hechos reales y más bien es fruto de la interpretación o de los pensamientos distorsionados que elaboramos. A. Ellis plantea una lista de «creencias o ideas irracionales». Las describimos a continuación, comentando las consecuencias que pueden provocar en la persona que elabore la realidad influenciada por dichas ideas irracionales:[66]

CREENCIAS O IDEAS IRRACIONALES	CONSECUENCIAS
1. Para ser feliz es necesario caerle bien a todo el mundo.	Se pone fuera de sí el control del propio bienestar, ya que se depende de los otros.
2. Si queremos sentirnos valiosos, tenemos que entender de todo y demostrar en todo momento que estamos a la altura.	Sentimientos de inferioridad e inutilidad. Nunca podremos conocerlo todo.
3. Algunos sujetos son malos, infames y merecen el castigo y la reprobación social.	Los que nos caen mal merecen ser odiados por los demás.
4. Es terrible que las cosas no marchen como uno esperaba.	Sentimientos de frustración ante los logros no conseguidos.
5. Las desgracias se originan por causas ajenas a uno mismo y son inevitables porque todo está escrito.	Tendencia al fatalismo y a la resignación que inutiliza y bloquea. De esa manera, no busca alternativas y soluciones.
6. Si existe la menor posibilidad de que ocurra algo malo, tenemos que estar constantemente preocupados, preparándonos para cuando suceda.	Pensamiento paralizador que impide gozar de lo que se va consiguiendo en el presente y nos hace estar continuamente amargados.
7. Es mejor escurrir el bulto que enfrentarse a las propias responsabilidades.	No se hace nada por miedo al fracaso, no se arriesga.

---

65 Cfr. ELLIS, A.-HARPER, R. (1961). *A guide to racional living*. North Hollywood: Wilshire Books. http://web.archive.org/web/19981206071447/rebt.org/essays/teorebta.html

66 Cfr TRECHERA, J.L. (2005). *Agujeros negros de la mente. Claves de salud psíquica*. Bilbao: Desclée de Brouwer, p. 50.

8. *Todos necesitamos apoyarnos en alguien más fuerte en quien confiar.*	Se descarga toda la responsabilidad sobre el otro y se anula la propia voluntad.
9. *Lo ocurrido en el pasado nos ha marcado para siempre y es, además, el determinante principal de nuestra conducta actual y futura.*	Pago de «altos intereses» de hipotecas personales. Se queda bloqueado por el lastre de historias pasadas y sin posibilidad de cambiar o reconducir la propia vida.
10. *Debemos vivir como nuestras las turbaciones de los demás y sentirnos muy preocupados por ellos.*	Angustia y agobio que anula. Aparente compasión y lástima. Huida o escape de la situación personal.
11. *Para cada problema «sólo existe una solución que es la mejor». Cualquier otra forma de actuar será un error contraproducente.*	Sensación de fracaso ya que nunca se llega a conseguir ese ideal.

Tabla 4. Las creencias o ideas irracionales y sus consecuencias

En la misma línea, se pueden observar como estos pensamientos distorsionados se convierten en creencias o «dogmas psicológicos» con los cuáles se realiza la elaboración cognitiva. A continuación se exponen algunos dogmas psicológicos que hemos recopilado de la práctica clínica[67]:

> *«El modo que vemos el problema es el problema»*
>
> *(S. Covey)*

1. Necesito la aprobación de todo el mundo.

2. Tengo que agradar y caer bien a todas las personas importantes de mi entorno.

3. Necesito ser amado por todos.

4. Debo triunfar y tener éxito en las actividades que emprenda.

5. No tengo derecho a ser feliz y disfrutar de la vida.

---

67 Cfr. TRECHERA, J.L. (2005). *Agujeros negros de la mente. Claves de salud psíquica.* Bilbao: Desclée de Brouwer, p. 47.

6. Mi pasado es un lastre que me condiciona.

7. Me siento inútil e incapaz de afrontar las dificultades de la existencia.

8. No debo comprometerme con nadie ya que más tarde o más temprano me harán daño.

9. No debo expresar mis sentimientos. Exponer las emociones es de cobardes o refleja un comportamiento infantil.

10. No debo fiarme de nadie. La gente es mala por naturaleza.

11. No debo implicarme en nada, qué sentido tiene si voy a fracasar.

VIII.III. CONSECUENCIAS DEL ESTRÉS

El estrés produce una serie de consecuencias y efectos negativos:

- *Fisiológicas:* Taquicardia, aumento de la tensión arterial, sudoración, tensión muscular, aumento metabolismo basal y del colesterol, inhibición del sistema inmunológico, sensación de sequedad y nudo en la garganta, etc.

- *Psicológicas:* Sensación de preocupación, indecisión, bajo nivel de concentración, pérdida de memoria, desorientación, mal humor, hipersensibilidad a la crítica, sentimientos de falta de control, ansiedad, miedos, fobias, depresión, sensación general de insatisfacción, etc.

- *Conductuales:* Hablar rápido, temblores, tartamudeo, explosiones emocionales, consumo de drogas o sustancias estimulantes —alcohol, tabaco—, conductas impulsivas, descontrol alimentario —aumento o falta de apetito—, alteraciones del sueño e insomnio, cansancio y agotamiento, etc.

VIII.IV. Anexo: Cuestionario de evaluación del estrés

Responda a las preguntas según la siguiente escala:

1: Nunca o casi nunca
2: Pocas veces
3: Algunas veces
4: A menudo
5: Siempre o casi siempre

1. ¿Tiene la sensación de que pierde el control sobre los acontecimientos de su vida?	1 2 3 4 5
2. ¿Suele dedicar tiempo a sí mismo?	1 2 3 4 5
3. ¿Le molesta e irrita hacer cola (restaurante, cine, etc.)?	1 2 3 4 5
4 ¿Se siente con energía para realizar las actividades cotidianas?	1 2 3 4 5
5. ¿Suele dormir mal, tarda en conciliar el sueño y se levanta sin la sensación de haber descansado?	1 2 3 4 5
6. ¿Se siente tranquilo y relajado?	1 2 3 4 5
7. ¿Tiene la sensación de que le falta tiempo para todo lo que tiene que realizar?	1 2 3 4 5
8. ¿Suele conversar tranquilamente con su familia y amigos?	1 2 3 4 5
9. ¿Tiene la sensación de funcionar automáticamente como un robot?	1 2 3 4 5
10. ¿Suele pasear por su ciudad o entorno (calles, parques, campo, etc.)?	1 2 3 4 5
11. ¿Suele tener tics nerviosos, mueve continuamente los pies, golpea con los nudillos, etc.?	1 2 3 4 5
12. ¿Suele participar en actividades comunitarias (sociales, religiosas, deportivas, etc.)?	1 2 3 4 5
13. ¿Se intranquiliza por la lentitud con la que funcionan los demás?	1 2 3 4 5
14. ¿Se siente descansado?	1 2 3 4 5
15. ¿Tiende a realizar varias cosas a la vez?	1 2 3 4 5

16. ¿Por su aspecto externo le suelen echar menos edad de la que tiene?	1 2 3 4 5
17. ¿Suele tener cambios bruscos de humor y se irrita con facilidad?	1 2 3 4 5
18. ¿Suele realizar su trabajo con tiempo y relajadamente?	1 2 3 4 5
19. ¿Experimenta tensión en la espalda, hombro o cuello?	1 2 3 4 5
20. ¿El trabajo termina cuando sale del taller, oficina o lugar donde realiza su actividad?	1 2 3 4 5
21. ¿Tiende a perder el sentido del humor y se enoja fácilmente?	1 2 3 4 5
22. ¿Se siente en buena forma física, con buena elasticidad y ágil?	1 2 3 4 5
23. ¿Suele desconfiar de los demás?	1 2 3 4 5
24. ¿Suele practicar algún deporte periódicamente?	1 2 3 4 5
25. ¿Tiende a echar la culpa a los demás del incumplimiento de las tareas?	1 2 3 4 5
26. ¿Le encanta observar los detalles: escenas cotidianas, puesta de sol, etc.?	1 2 3 4 5
27. ¿Tiende a tomar algo para seguir adelante (café, picar algo, alcohol, tabaco, etc.)?	1 2 3 4 5
28. ¿Duerme de un tirón y sin interrupciones?	1 2 3 4 5
29. ¿Tiende a comer deprisa, de forma ansiosa y compulsiva?	1 2 3 4 5
30. ¿Suele dedicar tiempo a programar o proyectar sus tareas y a revisar y evaluar lo realizado?	1 2 3 4 5
31. ¿Suele andar rápido y se desplaza de un lado a otro precipitadamente?	1 2 3 4 5
32. ¿Participa en reuniones, comidas, tertulias, etc., con los familiares o amigos?	1 2 3 4 5
33. ¿Suele interrumpir y no deja terminar las frases cuando le hablan?	1 2 3 4 5
34. ¿Le gusta saborear el placer de los alimentos, la bebida, etc.?	1 2 3 4 5

35. ¿Suele tener dolores de cabeza, jaquecas, problemas digestivos o intestinales?	1 2 3 4 5
36. ¿Suele tener un sentido lúdico de la vida: sentido de humor, ironía no agresiva, etc.?	1 2 3 4 5
37. ¿Se siente cansado?	1 2 3 4 5
38. ¿Siente que la mayoría de la gente vive con demasiada prisa y agitación?	1 2 3 4 5
39. ¿Suele estar tenso y con preocupaciones?	1 2 3 4 5
40. ¿Suele realizar cada tarea o actividad en su momento y no mezcla varias a la vez?	1 2 3 4 5

Evaluación

Hay que tener en cuenta que las preguntas pares presentan corrección inversa. Es decir, 1 = 5; 2 = 4; 3 = 3; 4 =2; 5 = 1.

Puntuación	Riesgo de estrés
40-80	NULO
	¡Animo! Mantenga su estilo de vida, ya que es muy difícil que pueda sufrir estrés
81-160	MEDIO
	¡Cuidado! Revise su estilo de vida. Preste atención a su puntuación. Plantéese su ritmo de vida
161-200	ALTO
	¡Peligro! Usted está en riesgo de estrés. Busque ayuda y ponga los medios para cambiar su estilo de vida

IX
SÍNDROME DE BURNOUT O «ESTAR QUEMADO»

*«Algo malo debe tener el trabajo, o los ricos
ya lo habrían acaparado»
(M. Moreno «Cantinflas)*

IX.1. Introducción

Carmen siempre había soñado con ser una buena profesora. Desde la infancia tenía una vocación muy clara: pensaba dedicarse a la enseñanza de niños con dificultades de aprendizaje. Sin embargo, después de aprobar una dura oposición y tras varios años volcada de lleno como profesora de apoyo, se siente desbordada y desilusionada. ¡Vale la pena tanto sacrificio! Se percibe «anestesiada» emocionalmente y ya ni casi le importa las situaciones de los demás. Percibe que se está aislando de todo y todos. Siente que está perdiendo la vocación y se sorprende a veces, reaccionando de manera brusca con algunos alumnos. Describe su función como «predicar en el desierto esperando que en los cactus florezcan girasoles».

> *«Lo que antes era un complejo lleno de vida ahora no es más que una estructura desierta. Donde había un edificio rebosante de actividad, no quedan más que algunos escombros que nos recuerdan toda la vida y la energía que reinaban. Tal vez algún lienzo de muro quede todavía en pie, tal vez se puedan aún distinguir algunas ventanas; incluso tal vez toda la estructura exterior esté aún intacta, pero si curioseáis en el interior, os sobrecogerá la enorme desolación reinante. Las personas a veces sufren incendios, al igual que los inmuebles. Bajo el efecto de la tensión que produce la vida en nuestro complejo mundo, sus recursos internos acaban por consumirse como si estuvieran bajo la acción de las llamas, dejando tan sólo un inmenso vacío en el interior, aun cuando la apariencia externa parezca más o menos intacta»*
>
> (H. Freudenberger)

Hacia 1974, Freudemberg,[68] psiquiatra que trabajaba en una clínica para toxicómanos en Nueva York, observó que cuando llevaban un tiempo colaborando la mayoría de los voluntarios sufrían una progresiva pérdida de energía, hasta llegar al agotamiento, presentando síntomas de ansiedad, depresión, así como desmotivación en su actividad, que se traducía en agresividad contra los pacientes. Denominó a esta situación *burnout*, que podríamos traducir por «estar quemado».

Según parece el término *burn out* se adaptó del entorno de la industria aeroespacial, en el que el concepto se utilizaba para referirse al proceso mediante el cual se quemaba rápidamente y por tanto se agotaba el carburante de un cohete como resultado de un calentamiento excesivo.

También se ha empleado la denominación de *enfermedad de Tomás o síndrome de Tomás* en referencia a la novela de Milan Kundera, *La insoportable levedad del ser*, donde el protagonista, el neurocirujano Tomás, se presenta como un individuo frustrado, que había perdido su autoestima, con actitud de desánimo y ausencia de expectativas de mejoría. Si bien, el proceso descrito por M. Kundera en su novela no responde exactamente al «síndrome de burnout» y puede inducir a error.

---

68 Cfr. FREUDENBERGER, H. (1974). Staff Burnout. *Journal of Social Signes*, 30, 159-165.

A partir de ahí, se comenzó a prestar atención al tema del *burnout* y fue especialmente en los años ochenta con los estudios de la psicóloga social C. Maslach[69] cuando se delimita y acepta por la comunidad científica la conceptualización que plantea dicha autora. Maslach describe el *burnout* como *un síndrome de agotamiento emocional, despersonalización y baja realización personal que puede desencadenarse en aquellos individuos que trabajan con personas.*

IX.II. Características del síndrome de burnout

Esta respuesta de estrés crónico estaría constituida por tres factores:

- *Agotamiento o cansancio emocional.* Se refiere a una disminución y pérdida de recursos emocionales. Sentimiento de vacío existencial e impotencia. Siente que está agotado y bajo mínimos, y que por tanto, emocionalmente no puede ofrecer nada a la otra persona. Se tiende a la desmoralización.

- *Despersonalización o deshumanización.* Se desarrollan actitudes negativas, de insensibilidad y de cierto cinismo hacia los receptores del servicio prestado. Se siente desbordado por las demandas emocionales de los otros.

- *Falta de realización personal.* Se tiende a evaluar el propio trabajo de forma negativa, sentimientos de ineficacia profesional y baja autoestima personal. Pérdida de vocación. Sensación de fracaso. Siente que ya no puede dar más de sí. Se experimenta como inútil e incapaz.

Durante algún tiempo, se identificó este síndrome de agotamiento profesional como la enfermedad de los trabajadores de «cuello blanco», por ejemplo, médicos, sanitarios o docentes. Sin embargo, en la actualidad esta experiencia de trabajar con desilusión e incluso con desagrado, especialmente se detecta en aquéllos cuyo trabajo tiene una repercusión directa sobre la vida de otras personas. Es decir, que se manifiesta en los sujetos que pertenecen a aquellas profesiones que implican excesivas demandas

---

69 Cfr. MASLACH, C. (1982). *Burnout: the cost of caring.* Englewood Cliffs, NJ: Prentice-Hall.

psicológicas. De esa manera, el campo se amplía, por ejemplo, trabajadores sociales, psicólogos, policías, personal de ventanilla o de atención al público, pueden ser algunos de los profesionales que llegan a padecer este tipo de estrés crónico.

El «síndrome de burnout» hace referencia al desgaste profesional y describe un estado de agotamiento emocional, físico y mental grave en el que la persona se derrumba a causa del cansancio psíquico o estrés que surge de la interacción social, junto a una rutina laboral exigente. De ahí que sea necesario incidir en resaltar que el síndrome no es sinónimo de estrés crónico, sino que surge por la relación con una actividad laboral. Algún autor matiza e insiste en potenciar la denominación de *síndrome de quemarse por el trabajo*, para ser fiel a lo que pretende describir.[70] A veces, se plantea como el síndrome de final de siglo que ataca a los trabajadores del final de siglo.

Por lo tanto, en la aparición del «síndrome de burnout» son necesarios varios elementos:

- *Acontecimientos estresantes de carácter laboral* ya que la relación que el individuo mantiene con los diversos condicionantes del trabajo son la clave para su aparición.

- *La existencia de interacciones humanas profesional-cliente y/o profesional-organización intensas y/o duraderas.* El síndrome de burnout es un proceso que va surgiendo de manera paulatina y que se va instaurando en el individuo poco a poco hasta provocar los efectos y consecuencias propios del síndrome. Se suele afirmar que «el material incandescente o al rojo vivo quema lentamente antes de que aparezca la llama».

- *Situaciones emocionalmente demandantes.* Es decir, interacciones en las que se presentan demandas de fuerte contenido emocional.

En general, este síndrome afecta a personas que alimentan un ideal elevado y que se han esforzado para conseguir ese ideal. Puede producirse por el desajuste que se da entre las expectativas de cada profesional y la realidad de la actividad laboral. Cuando no se consiguen los objetivos

---

[70] Cfr. GIL-MONTE, P. (2003). Burnout síndrome: ¿síndrome de quemarse por el trabajo, desgaste professional, estrés laboral o enfermedad de Tomás? *Revista de Psicología del Trabajo y de las Organizaciones*, vol. 19, nº 2, pp. 181-197.

propuestos, a pesar de haberse intentado movilizando todos los medios posibles, hace su aparición el sentimiento que puede desencadenar el «estar quemado».

A la sobrecarga emocional suele sumarse una excesiva acumulación de trabajo, unida a una falta de tiempo y de recursos materiales. Suelen ser sujetos que se exigen demasiado, ya que son personas responsables y que se suelen plantear el trabajo con entusiasmo y seriedad. Sin embargo, poco a poco va apareciendo una sensación de derrota al no percibir los resultados que se esperaban, a pesar del esfuerzo realizado. Comienza una pérdida de ilusión, aumenta la sensación de negatividad, se incrementa la frustración y finalmente, aparecen los efectos del *burnout*. La consecuencia final es un descenso en la calidad y cantidad del rendimiento[71].

IX.III. CONSECUENCIAS DEL SÍNDROME DE BURNOUT

Podemos destacar los siguientes síntomas:

- *Fisiológicos y psicosomáticos:* Fatiga crónica, cansancio, dolores de cabeza o migrañas, problemas gastrointestinales, pérdida de peso, tensión muscular, dolor de espalda, hipertensión, etc.

- *Conductuales:* Distanciamiento afectivo, aislamiento, absentismo laboral, abusos de sustancias estimulantes o adictivas —café, alcohol o psicofármacos—, incapacidad para relajarse, reacciones agresivas y violentas, irritabilidad, ironía, respuestas frías e impersonales hacia las personas —clientes, pacientes o alumnos—, dificultades de comunicación, trastornos del sueño, insomnio, mal humor, etc.

- *Psicológicos, cognitivos y emocionales:* Sensación de desorientación, sentimiento de inferioridad e inutilidad, minusvaloración, falta de concentración, dificultad de expresión de sentimientos, insensibilidad o «anestesia emocional», actitud cínica en el trabajo, falta de control, hipersensibilidad a la crítica, etc.

---

71 De ahí que se pueda presentar con mayor incidencia en personas más jóvenes, idealistas y responsables. A su vez, parece que la incidencia es mayor en las mujeres que en los hombres. Por ejemplo, véase el estudio realizado en la Comunidad de Madrid, cfr. La Razón, 24-04-2006, pp. 48-49, http://www.acosoescolar.com

El efecto lo sufren también su entorno y especialmente aquellos sobre los que recae el resultado de su trabajo, por ejemplo, los pacientes de un médico o los alumnos de un profesor, que pueden ser tratados como números y no como personas.

IX.IV. ANEXO: CUESTIONARIO DE SÍNDROME DE BURNOUT O ESTAR QUEMADO

Responda a las preguntas según sea su situación personal. Recuerde que cada persona es distinta y que no hay respuestas mejores que otras, sino que lo fundamental es describir cómo se vivencia cada uno:

>1: Nunca o casi nunca
>2: Pocas veces
>3: Algunas veces
>4: A menudo o frecuentemente
>5: Siempre o casi siempre

1. ¿Sientes que ya no puedes aportar nada a los demás?	1 2 3 4 5
2. ¿Eres consciente de tu mal humor y que a veces, lo pagas con aquellos en los que repercute tu trabajo?	1 2 3 4 5
3. ¿Experimentas desilusión con tu trabajo aun habiéndolo iniciado con ganas?	1 2 3 4 5
4. ¿Te sientes vacío e impotente para llevar adelante tu profesión?	1 2 3 4 5
5. ¿Te ves desbordado por las demandas de los que te rodean en el trabajo?	1 2 3 4 5
6. ¿Te sientes fracasado en tu ocupación profesional con el paso de los años?	1 2 3 4 5
7. ¿Notas que desde que desarrollas tu trabajo actual tienes alteraciones como dolores de cabeza, problemas de sueño, trastornos digestivos o alguna alteración psicosomática?	1 2 3 4 5
8. ¿Te sientes irritado y con malestar interno en la realización de tu actividad laboral?	1 2 3 4 5
9. ¿Te sientes inútil y sin habilidades para tu profesión?	1 2 3 4 5

10. ¿Te sientes cansado y que tienes que realizar un gran esfuerzo hasta para levantarte por las mañanas para comenzar tu jornada de trabajo?	1 2 3 4 5
11. ¿Sientes que tu trabajo actual te está aislando personal y profesionalmente?	1 2 3 4 5
12. ¿Crees que has perdido la vocación profesional que antes tenías?	1 2 3 4 5
13. ¿Te sientes sin fuerzas para poder seguir adelante?	1 2 3 4 5
14. ¿Te sientes insensible y como «anestesiado» emocionalmente ante las situaciones que te plantean en tu trabajo?	1 2 3 4 5
15. Te sientes insatisfecho y desmotivado al terminar tu jornada laboral?	1 2 3 4 5
16. ¿Te sientes sin ganas y «quemado» por tu trabajo?	1 2 3 4 5
17. ¿Sientes que realmente no te preocupa lo que le ocurre a las personas con las que te relacionas en el trabajo?	1 2 3 4 5
18. ¿Crees que no has podido avanzar profesionalmente y que no has conseguido logros en tu profesión?	1 2 3 4 5
19. ¿Sientes que tu actividad profesional no tiene sentido y no repercute en nada, ni en nadie?	1 2 3 4 5
20. ¿Sientes que tratas como objetos a las personas con quienes te relacionas profesionalmente?	1 2 3 4 5
21. ¿Te percibes como un mal profesional o incompetente?	1 2 3 4 5

Evaluación

Se suman las puntuaciones y se comprueba con el siguiente baremo:

Puntuación	Riesgo de «estar quemado»
21-40	MUY BAJO ¡Animo! Mantenga su estilo de vida, ya que es muy difícil que pueda sufrir el síndrome de burnout.
41-60	BAJO No tiene que preocuparse, pero preste atención a la tendencia si es una puntuación alta.

61-80	**MEDIO**
	¡Cuidado! Revise su estilo de vida. Preste atención a su puntuación. Plantéese su relación con el trabajo.
81-105	**ALTO**
	¡Peligro! Usted está en riesgo de «estar quemado». Busque ayuda y ponga los medios para cambiar su relación con el trabajo

Puede ayudar ver la tendencia en las diversas escalas:

Escalas	Nº items
Agotamiento o cansancio emocional	1, 4, 7, 10, 13, 16, 19
Despersonalización o deshumanización	2, 5, 8, 11, 14, 17, 20
Falta de realización personal	3, 6, 9, 12, 15, 18, 21

X
EL NARCISISMO:
«NARCOTIZADOS Y APLASTADOS POR EL YO»

> *«Ese tu Narciso,*
> *ya no se ve en el espejo*
> *porque es el espejo mismo».*
> (A. Machado)

X.1. Introducción

En la película «La vida es bella» de R. Benigni, Guido es un buen hombre de origen judío que en el contexto de la Italia fascista es trasladado a un campo de concentración con su mujer e hijo. Su objetivo será intentar proteger a su pequeño y para ello, construirá toda una historia basada en un juego para ocultarle el drama que ocurre a su alrededor. Un día, realizando funciones de camarero ante las autoridades del campo de exterminio, se topa con un oficial médico que solía ir por el hotel donde trabajaba en Italia y con el que mantuvo cierta amistad, ya que le ayudaba a resolver adivinanzas. El médico alemán le reconoce y Guido cree ver una luz para salir del túnel en el que vive. Tras varios encuentros observa que lo único que le preocupa al doctor es que le pueda servir para averiguar enigmas. Frente a la tragedia de su entorno, el egocentrismo y ensimismamiento del galeno sólo le lleva a utilizarlo y espera que no le abandone y que le ayude a resolver su «gran problema»: darle solución a un acertijo...

> «*Amarse a uno mismo es comenzar un romance de por vida*»
>
> *(O. Wilde)*

Hace no mucho tiempo, no estaba bien visto que alguien se dedicara en exceso a sí mismo. Cualquier intento en esa dirección era percibido como signo de soberbia, engreimiento o cierto egoísmo. Sin embargo, actualmente se ha producido un cambio significativo. Es verdad que se ha recuperado una dimensión que se tenía olvidada como era el cultivar el trabajo personal en el que es prioritario resaltar la valoración propia y el buen desarrollo de la autoestima; pero se puede correr el riesgo de querer profundizar tanto en su interior que se puede quedar el sujeto atrapado en su «burbuja» o «mismidad» y descubrirse mirándose el ombligo o dando vueltas sobre la noria de sí mismo a la búsqueda insaciable del «Yo perdido».

Hoy en día desde el punto de vista de la atención psicológica se responde a nuevos perfiles en los que podemos destacar básicamente dos tipos de demandas. Por un lado, los trastornos depresivos: individuos con tristeza vital, apáticos, sin ganas de vivir, con una gran tensión y estrés. Por otro lado, sujetos egocéntricos, manipuladores, socialmente destructivos, con gran necesidad por obtener admiración y prestigio sobre los demás. Estos, aparentemente, parece que lo «tienen todo», pero presentan una fuerte sensación de pérdida de su yo, con relaciones interpersonales superficiales e insatisfactorias, percibiéndose vacíos y sin sentido. Se suele definir tal tipología como trastorno narcisista de la personalidad[72].

El narcisismo se presenta como la patología arquetípica de nuestro tiempo. Se insiste en el peligro del excesivo amor a sí mismo, considerando

---

72 Para profundizar en el tema véase TRECHERA, J.L. (1996). *¿Qué es el narcisismo?* Bilbao: Desclée de Brouwer. TRECHERA, J.L. (1997). *El trastorno narcisista de la personalidad: concepto, medida y cambio.* Córdoba: Publicaciones ETEA. TRECHERA, J.L. (2005). *Agujeros negros de la mente. Claves de salud psíquica.* Bilbao: Desclée de Brouwer.

este hecho como una erosión general de confianza en la civilización, que llega a convertirse en una enfermedad de la sociedad. Para unos, la conducta narcisista cumple la misma función que los síntomas histéricos frente a la represión sexual de la sociedad victoriana a finales del siglo XIX. Para otros, el narcisismo aparece como uno de los factores principales asociados a los trastornos psíquicos.

En nuestro contexto occidental, la corriente filosófica de la postmodernidad ha reforzado el modelo de hombre narcisista. He aquí algunas características del *sujeto potsmoderno:*

- *Se potencia el individualismo.* El sujeto se convierte en el centro del mundo y del Universo. El consumo facilita la plasmación y realización práctica de ese «deseo»: todo está disponible para su uso particular. El individuo postmoderno al sentirse el *rey del hipermercado* no sólo satisface sus gustos sino que además le sirve para reforzar la idea de considerarse alguien capaz, importante y con poder.

- Se suple *la ética por la estética.* Se valora la imagen y se resalta más el «parecer» que el «ser». De ahí que se preste atención al cuidado y culto del cuerpo, a las formas, a las «buenas maneras», en definitiva se potencia la *beautefaul people*, «la gente guapa». No es extraño que se plantee como ideal la «eterna juventud», que puede llevar al mantenimiento del *Complejo de Peter Pan,* mediante el cual el individuo se niega a crecer y quiere permanecer siempre joven. Esa situación de *puer aeternus* conlleva distintas consecuencias psicológicas: inmadurez, falta de responsabilidad, situación de provisionalidad, ausencia de independencia y autonomía o «alergia» a todo lo que pueda significar algún tipo de compromiso.

- De la implicación y compromiso personal se ha pasado a *la sociedad del contrato temporal.* Ya no hay compromisos, no a largo plazo, sino casi sin ningún plazo. No sólo afecta a los contratos laborales, así incluso ya se puede contratar legalmente por horas o «mini» obras y servicios, sino a todas las relaciones sociales: relación de pareja, familia, amistad, etc.

- Del gran fragmento —grandes valores— se ha desembocado en *el pequeño fragmento.* Se ha «enfriado» la utopía. ¿Para qué han servido aquellos nobles ideales? ¿Dónde están los revolucionarios de antaño?

¿Han sido «fagocitados» por el sistema? Ahora se potencia lo pragmático-funcional: «No hay más leña que la que arde». «A vivir que son dos días»...

Desde esta perspectiva, el ser humano se presenta sin futuro. Ya no hay historia, esta sólo existe en los libros de texto. Sólo se describen acontecimientos sin ninguna conexión entre sí. No tiene proyecto ni hay caminos que le lleven a un fin. Ya no tenemos horizonte donde ubicar lo real. Antes, el mundo era como una gran catedral, todo estaba en armonía y en su sitio. Ahora, se ha producido el «crepúsculo de los ídolos». Vivimos en el tiempo cumplido, y al no tener un cuadro de referencia definido, se propicia un vagabundeo incierto. Actualmente no hay cabida para las cosmovisiones totalizantes, estamos atrapados por lo inmediato, sumidos en el «éxtasis del momento o del instante», que conduce a vivir en la superficie de lo que hay. Se potencia el modo *Kleenex*, todo es «para usar y tirar». Estamos en la *cultura del bricolage*, que se caracteriza por la especialización y el auge de lo pragmático-funcional.

Tras una época de esperanza y creatividad simbolizada por el mito de Prometeo, propia de los años sesenta, no en vano se le denomina *la década prodigiosa*, se pasó al sentido rutinario y esclavizante de Sísifo, para desembocar posteriormente en el refugio privado e íntimo de Narciso. La conclusión es clara: ¿de qué podemos ocuparnos seriamente hoy en día, como no sea de nuestro equilibrio físico y psíquico?

Se ha producido el fin del *homo politicus*, representante del hombre solidario y comprometido, para dar lugar al nacimiento del *homo psycologicus* obsesionado por la búsqueda de su ser y su bienestar. El *homo psycologicus* ve al otro como un espejo de sí mismo. Ante la ausencia de grandes proyectos se lanza a la «aventura individual» que se convierte en un absoluto o nueva «trascendencia». La vida es demasiado corta y no tiene ganas de conocer a otros sujetos, si no es de forma ocasional. El hombre actual sólo desea una cita y *es consigo mismo*.

Narciso ya sólo trabaja para la liberación de su Yo. Su nuevo programa revolucionario será: *amarme a mí mismo es suficiente como para no necesitar otra cosa para ser feliz*. No es raro, por tanto, que a partir de los años setenta se haya desarrollado todo un movimiento de crecimiento personal: cursillos de sensibilización, autoconocimiento, autoestima, control mental, bioenergética, etc. Cada uno se convierte en el «ombligo del mundo», a la búsqueda del «Yo perdido».

X.II. El mito de Narciso

> *«Los mitos son residuos deformados de las fantasías desiderativas de naciones enteras, verdaderos sueños seculares, de la joven Humanidad»*
>
> *(S. Freud)*

El mito de Narciso nos ha llegado a través de diversas fuentes, siendo la versión más antigua la que se debe a Ovidio. En el libro III de su *Metamorfosis*, Ovidio (43 a.c.) cuenta en 170 versos la historia del desdichado Narciso. Narciso es fruto de la violación del río Cefiso a la ninfa Liríope. El famoso adivino Tiresias le vaticinó un triste destino al revelar a su madre que Narciso viviría una larga vida si no llegaba nunca a conocerse a sí mismo.

Desde su adolescencia, su extraordinaria belleza atrajo a numerosas muchachas y mancebos. Destaca entre sus pretendientes por su apasionado amor la ninfa Eco, quien no podía expresarle sus sentimientos, ya que sólo repetía los últimos sonidos de lo que oía. El orgullo de Narciso le hará rechazar, con desprecio e indiferencia, a todos los que le aman. Uno de los desdeñados pedirá clemencia y castigo a los dioses. Némesis, diosa de la venganza, no se hará esperar. Cuando venía fatigado de una cacería, Narciso se inclina a beber en una fuente y la cólera divina hace su efecto: el joven se enamora de aquel que creía ver a través del agua. Después de abrazarlo y besarlo, percibe que el que ve en la fuente no es otro que él mismo. Narciso perecerá a causa de su pasión.

¿Qué nos aporta el mito?

- Narciso no es consciente de su propia realidad. Es lo opuesto al «conócete a ti mismo» y así, según la leyenda sólo vivirá si no llega a saber quién es.

- Narciso rechaza todas las relaciones de amor. No es capaz de vincularse o comprometerse con nadie.

- Presenta una incapacidad para captar la realidad externa o los sentimientos de los demás.

- Se describe como un sujeto orgulloso y soberbio que desprecia a los demás.

La moraleja de la historia es clara: *nadie puede conocerse verdaderamente a sí mismo, sino a través del conocimiento y reconocimiento del otro*. Cuando alguien se aísla, se encierra en sí mismo y rechaza a los demás, pasa a tener como único reflejo su propia figura, y tal situación es destructiva y mortal.

X.III. CARACTERÍSTICAS DEL NARCISISMO

1. Imagen distorsionada de sí mismo: el centro del Mundo y del Universo

> «*Vosotros miráis hacia lo alto cuando queréis elevaros. Yo miro hacia abajo, porque estoy en las alturas*»
>
> (F. Nietzsche)

Los sujetos narcisistas se caracterizan por la inflación de la autoestima, la megalomanía o la «grandeza del yo», que se traduce en egocentrismo, en sentimientos de omnipotencia, omnisciencia y poder especial. A través de este sistema megalomaníaco se presenta una valoración de sí desmedida, que implica una idea de «categoría especial», un sentimiento «grandioso de la propia importancia» que les lleva a creer que tienen especiales talentos y habilidades.

Se manifiesta en los siguientes rasgos:

- Los narcisistas presentan un grandioso sentido de autoimportancia y tienen la ilusión de ser «especiales». Suponen que *sus problemas son «únicos» y que sólo podrán ser entendidos por otros individuos también especiales*. Entre los que acuden al asesoramiento psicológico no es raro encontrar a pacientes tan conscientes de su «especificidad» que preguntan al psicólogo si alguna vez han conocido a alguien así. Rebosan de satisfacción ya que esperan la admiración del terapeuta por posibilitarle un caso tan «importante». ¡Casi tendría que pagarle el psicólogo a él!

- Tienen necesidad de *ser perfectos y que los otros les vean como perfectos*. El narcisista no sólo se contenta con decir que «es el mejor» sino que necesita sentir que es el único y exclusivo. Respondería al eslogan: *only me*.

- Destaca *una percepción egocéntrica de la realidad*, a través de la cual sólo acepta aquella realidad que refuerza su propia grandiosidad. La realidad es aceptada sólo si tiene la función de espejo que devuelve una imagen positiva: ven y oyen lo que quieren. Consecuentemente, negarán aquellos aspectos de la situación que cuestionen su importancia o perfección. No es que, por ejemplo, digan mentiras conscientemente, sino que están convencidos de su posición superior y de la veracidad de su falsa percepción. Aunque hayan realizado comportamientos que podrían ser vistos como negativos socialmente, en su «puesta en escena» siempre quedarán como sujetos «brillantes» y ofrecerán una imagen «impecable» de perfección. «¿Qué he hecho mal?»

- Se convierte en *el centro del mundo y del universo*. Todo tiene que girar entorno suyo. Freud se refería a *his majesty the baby* —su majestad el niño— para expresar esta experiencia de que los demás tienen que estar a su servicio. De ahí surge un sentido de autoimportancia y de tener derechos especiales. Creen que se merecen un tratamiento especialmente favorable y de ahí que las reglas establecidas para los otros, no son de aplicación para ellos.

- Permanentemente, están preocupados por *la comparación con los otros*. La megalomanía conlleva la comparación, el tener que sentirse superior a los demás.

- Manifiestan *fuertes sentimientos de envidia*. Si alguien tiene algo de los que ellos carezcan se sienten coartados en su grandeza e intentarán «eliminar» al adversario. Entran en el *Síndrome de la madrastra de Blancanieves* y no puede soportar que nadie les haga sombra. Suelen reaccionar con furia y agresividad cuando se les impide salirse con la suya.

- El individuo narcisista está preocupado por *fantasías de éxito, poder, brillo, belleza o amor ideal ilimitados*. Presentan una gran ambición y altas expectativas no realistas. Esta situación les hace vivir una exaltación hipermaníaca, caracterizada por una excesiva omnipotencia y omnisciencia, y un pronunciado optimismo: «es el mejor y todo lo puede». El sujeto siente que posee todas las cualidades de perfección, gloria y triunfo.

- Se caracterizan por determinados comportamientos en la vida ordinaria:

  - *El uso egocéntrico del lenguaje,* que denota una desviación en la comunicación verbal, en la que el principal objetivo es impresionar y aumentar su autoestima más que comunicar. La conversación suele girar en torno a sí mismo, con la exclusión de todo aquello que concierne a otra persona.
  - *Prepotencia:* «Usted no sabe quién soy yo». Sentimiento de superioridad y categoría especial. Corre el peligro de caer en el *Síndrome del Titanic,* según el cual, su propia soberbia le lleva a la destrucción. El Titanic se hundió por no prestar atención a las señales de peligro: ¡A nosotros nos va a hacer cambiar el rumbo un «vulgar» bloque de hielo!
  - *Exigencias de trato especial:* ¿Cómo van a esperar su turno en una cola? ¿Cómo les hacen perder segundos de su tiempo?
  - *Hipersensibilidad a la crítica.* En ningún momento se les podrá contradecir o cuestionar.

2. Maquiavelismo: el fin justifica los medios

> «En las acciones de los hombres se atiende al resultado. Trata, pues, un príncipe de vencer y conservar su Estado y los medios siempre serán juzgados honrosos y ensalzados por todos»
>
> (N. Maquiavelo)

Aunque Maquiavelo nunca utilizó la frase «el fin justifica los medios», ha pasado desgraciadamente a la posteridad como el inspirador de un modo de actuar en el que para conseguir lo que se pretende se pueden emplear todas las estrategias que se crean más idóneas.

Se podrían destacar las siguientes conductas:

- El modo de obrar maquiavélico se traduce en *una tendencia a ver a los otros como extensiones de uno mismo.* «His majesty the baby» exige que los demás tenga que estar para servirle.

- Se caracteriza por *la manipulación y la utilización de las demás personas y situaciones en beneficio propio.* Estas personas son fieles reflejos de la «era del plástico», de la época del usar y tirar. En su relación con los demás, funcionan como si tuvieran un mando a distancia y pasan como sobre brasas, rápida y nerviosamente, por todos los canales —personas—, según les interese o plazca. Se convierten en «vampiros» que crecen ninguneando a los otros y así, succionan a los demás hasta que ya no tienen más jugo que extraerles.

- *Presentan una conciencia corruptible*, en contraste con la moral rígida de la personalidad obsesiva. Para el narcisista todo vale con tal de conseguir el objetivo.

- En el contexto español se ha acuñado el término de la «cultura de pelotazo». Se actúa según la *ética del camaleón*, para la que lo importante es saber situarse en cada momento oportunamente. Lo fundamental es obtener éxito y éste se manifiesta casi exclusivamente en una «abultada» cuenta financiera. El objetivo será hacer ganancias económicas y el estilo de vida se reduce a una cuestión aritmética: «el bien se traduce en altos ingresos, sinónimo de triunfo; el mal se entiende como fuertes pérdidas, sinónimo de fracaso». Antes al menos se podía tener ideología, ahora más bien se reduce todo a lo pecuniario. De modo, que ya no es que se adore a un «ídolo», simbolizado en un becerro de oro, sino que más bien ya sólo se venera «el oro» del becerro.

3. Dominancia - poder: todo bajo control

> *«Soy una persona importante, mejor dicho: importantísimo. Soy el centro del universo y los demás existen para dar vueltas alrededor mío»*
>
> (P. Rocchini)

Los individuos narcisistas expresan conductas que tienen por objetivo el control de los demás. La omnipotencia del pensamiento implica la posibilidad de ejercer influencia sobre los objetos o el mundo circundante, lo que requiere negar la existencia del otro en cuanto que éste supone un principio de limitación de esa omnipotencia. La persona narcisista necesita y busca poder para contrarrestar la deficiencia de su propia realidad. Poder y control son dos caras de una misma moneda que utiliza para compensar y proteger su propia vulnerabilidad.

He aquí algunos rasgos:

- *Sentimiento de tener derecho sobre otros*, que implica unas expectativas de privilegios especiales respecto a los demás y una especial inmunidad ante las normales demandas sociales. Se traduce en orgullo, engreimiento y conciencia de exigir derechos propios.

   No lejos de esta idea estaba Nietzsche cuando resaltaba la «voluntad de poder». Para él, la voluntad de poder constituía la esencia íntima del ser humano, opuesta a la voluntad de verdad y de ahí que la sitúe «más allá del bien y del mal».

- *Son sujetos ávidos de veneración y que no soportan en absoluto el más mínimo cuestionamiento de su posición dominante.* Por ello, estos individuos ensayan diferentes métodos de «colonizar», «parasitar» o invadir el espacio psíquico de otros individuos, a fin de exaltar su propia omnipotencia. En muchos casos de acoso psicológico o *moobing*, es frecuente encontrar un jefe «tóxico» narcisista.

- *Reclaman admiración en todos y cada uno de sus rasgos* y a su vez, exigen que se les considere en el grado máximo de perfección, como seres únicos, sin permitir que «sus súbditos» puedan dirigir su mirada de reconocimiento a nadie más. Establecen una relación tiránica, intentando forzar a los otros a que les brinden su admiración incondicional mediante el control sobre sus actos o pensamientos. No se permite el más mínimo cuestionamiento.

- La desmesurada imagen de sí mismo *le hará reaccionar a las críticas con un sentimiento de rabia, vergüenza o humillación, aunque no siempre lo exprese*. No hay furia más grande que la de un narcisista a quien se haya herido en su narcisismo. Perdonará cualquier cosa antes que sentirse ofendido en su imagen. Aunque no lo demuestre, querrá vengarse porque tal acción es como matarlo. De ahí que no aceptará la más mínima disidencia de aquellos que puedan estar a sus órdenes.

   Si la gente no se muestra complaciente, es decir, si los seguidores no están dispuestos a compartir su distorsionada visión del mundo, pueden llegar a mostrar ataques de cólera y agresividad. Suelen percibir la no aceptación como un ataque directo sobre la propia esencia de su personalidad.

- *Es envidioso y desconfiado.* Su propia desconfianza, le hace sentirse siempre perseguido. Como él no tiene nada que rectificar o cuestionarse, suele justificarse y se defiende a través del mecanismo psicológico de la proyección: pone el mal fuera y son los otros los que tienen algo contra él. Puede que entre en una actitud paranoica y piense que todos actúan en contra suya, por lo que se siente permanentemente perseguido.

Al mismo tiempo, la persona envidiosa manifiesta una gran ansiedad ante sus propias posesiones, ya que cree que los demás le tendrán envidia y se las podrán quitar. Tiene miedo a que los otros vayan a arrebatarles lo que ha conseguido ganar con tanto esfuerzo. Su envidia crónica le hace incapaz de aceptar un apoyo real y sincero de su entorno.

Los sujetos narcisistas viven en una gran paradoja: *necesitan mucho de los otros, pero son incapaces de aceptar su ayuda.* Esta es «la gran tragedia» de las personas narcisistas: no pueden mostrar sentimientos de gratitud y además devalúan al que les ofrece algo y la propia oferta. La existencia de la envidia es incompatible con la de un yo grandioso. Por esta razón, la persona narcisista no reconoce su envidia y utiliza el mecanismo de la devaluación de las cualidades de los otros para defenderse de la misma y, de esa manera, «logra» aumentar su imagen grandiosa. Por un lado, se muestra intolerante ante las críticas, ya que estas implican una demanda de cambio personal. Por otro, aparece suspicaz, desconfiado, envidioso y con celos hacia lo que los otros tienen. La envidia le hace sentirse hostil y grosero con su entorno. La lógica que impera es la de la disyunción excluyente: *o yo, o nadie.*

4. Exhibicionismo: él es el mejor

> «Cuando ando por la calle, tengo la sensación de que la gente se para a mi alrededor, como si las aguas del Mar Rojo se abrieran para que las atravesaran los judíos».
> *(Relato de un paciente)*

El narcisismo puede ser definido como la conducta motivada por el placer de ser admirado.

- El exhibicionismo narcisista es la expresión clínica de la necesidad infantil de admiración, que se traduciría en *el excesivo deseo o necesidad de atención y admiración, en una tendencia a presentarse como único y exclusivo*. Las personas narcisistas se caracterizan porque su actividad se dirige primeramente a obtener el máximo de aclamación y aprecio. Su motivación para trabajar es exhibirse. Estos sujetos presentan una tendencia especial hacia la ocupación social, eligiendo profesiones en las que puedan recibir gratificaciones públicas, ya que necesitan «estar permanentemente en escena».

Sienten «adicción por los elogios». Responderían al eslogan de *nunquam satis*, nunca están satisfechos ni tienen bastantes halagos. Tienen la sensación de que no pueden funcionar sin esa «droga emocional».

- Se suele poner como ejemplo de esta dimensión exhibicionista al personaje de *Casanova* de Fellini. En una secuencia de la película, Casanova es empujado, ante la presencia de los asistentes a una fiesta, a competir con un criado para determinar quién es capaz de tener más relaciones sexuales en un tiempo determinado. Toda la «gimnasia sexual» del héroe se realiza sin ningún goce erógeno y, al finalizar la competición en la que resulta triunfador, es patético el contraste entre su júbilo narcisista y el dolor de su compañera ocasional, simple medio para probar la superioridad narcisista de Casanova.

- *Esa necesidad de continua aprobación exige un gran esfuerzo*. El yo grandioso es un insaciable consumidor de experiencias externas. Ningún detalle puede quedar olvidado: desde preocuparse por la apariencia corporal hasta la lectura del último autor de moda. No olvidemos que *su objetivo no es el ser sino la pose*. Tiene miedo a su interior, a profundizar en sí mismo y, por ello, sólo le preocupa la apariencia. Esos esfuerzos conllevan un coste psicológico que aumenta la debilidad y fragilidad de la personalidad narcisista.

5. Falta de empatía: sin emociones

> «Hitler mostraba la seguridad de sonámbulo que sólo tiene una persona extremadamente narcisista. Hitler no se interesaba por nadie, de manera que estaba libre de todo sentimiento cálido. Podía mostrar una agresividad sin límites aun contra sus colaboradores principales, alternándola

> *con gestos y sonrisas benévolas y amables. En otras palabras, mediante esta conducta les hacía sentirse como niños pequeños, ofreciéndose como el ídolo que todo lo sabe, todo lo puede y todo lo castiga»*
>
> (E. Fromm)

Se entiende por empatía la capacidad de sentir con otro, es decir, ponerse en su lugar, «calzarse con sus propios zapatos». Por un lado, se es capaz de captar y reconocer los sentimientos y la situación del interlocutor y al mismo tiempo, es posible reaccionar adecuadamente a ese estado de ánimo.

¿Cómo se presenta en la personalidad narcisista?

- La nula empatía expresa la incapacidad para reconocer y experimentar lo que los demás sienten. *La ausencia de empatía es típica de la patología narcisista*. El trastorno narcisista de la personalidad se caracteriza por la negación de los sentimientos. La inhibición de la expresión de los afectos y emociones tiene lugar porque el narcisista piensa que al expresarlos se vuelve vulnerable. Las personas narcisistas se defienden ante un posible daño no necesitando a nadie o no expresando deseos.

- *Los sujetos narcisistas presentan dificultades para captar características propias de las personas con las que tienen conexiones íntimas:* pareja, amigos, familiares. El narcisista vive en el mundo como si fuera un habitante de otro planeta y difícilmente consigue percibir lo que sucede a su alrededor. De ese modo, no se comprometen profundamente con nadie y, al mismo tiempo, se alejan del conocimiento de sí que les podría procurar esa relación. Es importante resaltar que sin la conciencia de uno mismo y del otro, no es posible ponerse en el lugar de nadie.

- El narcisismo se define no tanto por la falta de expresión libre de las emociones cuanto por el repliegue sobre sí mismo: *nada de excesos, de desbordamientos, de tensión que lleve a perder los estribos*. Los individuos aspiran cada vez más a un desapego emocional, motivado por los riesgos de inestabilidad que sufren en sus relaciones interpersonales. Su objetivo es no depender de nadie, no atarse a nada.

- *El miedo a la decepción, el miedo a las pasiones descontroladas expresan lo que se denomina «la huida ante el sentimiento».* No es raro, por esto, que se intente eliminar cualquier tensión emocional, con el objetivo de llegar a un estado de indiferencia o desapego. Se trata del fin de la cultura sentimental, el fin del «happy end», el fin del melodrama y el nacimiento de una cultura fría, en la que cada cual vive en un bunker de indiferencia, bien defendido de sus pasiones y de las de los demás.

En nuestra sociedad, del no sentir se ha pasado a la comercialización de los sentimientos. Es curioso que en una sociedad en la que se anulan los sentimientos tengan gran éxito programas de radio y televisión en los que diversas personas desnudan su alma frente a un auditorio anhelante por escuchar sus penalidades y miserias. Podríamos preguntarnos si el objetivo de tales programas es comunicar, provocar una comprensión empática o realizar un puro exhibicionismo.

X.IV. CONCLUSIONES

> *«¿Dime de qué presumes y te diré de qué careces?»*
>
> *(Refrán popular)*

A pesar de la omnipotencia, la grandiosidad y la hiperestima, el narcisismo puede considerarse como un espejo mágico que falsifica la realidad del desamparo y de la impotencia del ser humano, reflejando una omnipotencia que no tiene. El narcisismo aparece como una formación reactiva, un mecanismo de defensa mediante el cual el sujeto actúa de manera totalmente distinta a como se siente o auténticamente es.

Al igual que en la obra de Oscar Wilde *El retrato de Dorian Gray*, Narciso presenta una fachada que protege y esconde su verdadera identidad: inseguridad, vulnerabilidad. La imagen se destruye y desmorona al confrontarla con la realidad y provoca la destrucción del sujeto.

El individuo narcisista aparece externamente como un sujeto con gran seguridad, pero sólo se trata de un mecanismo de defensa. El narcisista necesita su narcisismo y vive para alimentarlo. Es muy inseguro, porque ninguno de sus sentimientos, ninguna de sus ideas, nada suyo, se funda en la realidad. Es la tragedia de evitar conocerse a sí mismo.

Normalmente, se suele asociar Narciso al culto de la propia imagen. Sin embargo, el mito nos intenta hacer reflexionar sobre una realidad distinta. El ser humano sólo puede desarrollarse como persona en interacción con otros. Cuando alguien se aísla y se encierra en sí mismo, tendrá como único referente o reflejo su propia imagen y tal situación le hace desconectar del entorno, provocando su destrucción.

X.V. Anexo: Cuestionario trastorno narcisista de la personalidad[73]

Lee las frases siguientes y comprueba si en tu situación personal es cierto (acuerdo) o falso (desacuerdo) lo que dice la frase. Matiza tu respuesta rodeando con un círculo el número que mejor la exprese:

1: Totalmente falso (en total desacuerdo)
2: Falso (en desacuerdo)
3: Más bien falso (más bien en desacuerdo)
4: Más bien cierto (más bien de acuerdo)
5: Cierto (de acuerdo)
6: Totalmente cierto (en total acuerdo)

1. En las reuniones me gusta escuchar a los demás.	1 2 3 4 5 6
2. Quiero llegar a ser algo a los ojos de la gente.	1 2 3 4 5 6
3. A veces engaño a los otros siendo amistoso, cuando en realidad, sólo me interesan para obtener algo de ellos.	1 2 3 4 5 6
4. Soy un buen líder.	1 2 3 4 5 6
5. Intento pasar desapercibido en un grupo.	1 2 3 4 5 6
6. Normalmente soy sensible al sufrimiento ajeno.	1 2 3 4 5 6
7. Si tengo ocasión me aprovecho de los demás sin sentirme culpable.	1 2 3 4 5 6
8. Me gusta ser el centro de atención en todas las fiestas o reuniones.	1 2 3 4 5 6

---

73 Cfr. TRECHERA, J.L. (1996). *¿Qué es el narcisismo?* Bilbao: Desclée de Brouwer.

9. Sólo tengo responsabilidad de conocer mis propias necesidades y no las de los demás.	1 2 3 4 5 6
10. Soy más capaz que la mayoría de las personas.	1 2 3 4 5 6
11. No me siento mal si satisfago mis deseos a expensas de otra persona.	1 2 3 4 5 6
12. Me molesta que la gente no note mi presencia física cuando estoy en público.	1 2 3 4 5 6
13. No puedo sentirme bien, si la gente a mi alrededor está mal.	1 2 3 4 5 6
14. Puedo aprovecharme de mis amigos.	1 2 3 4 5 6
15. No creo que sea importante el comprender qué le sucede a los demás.	1 2 3 4 5 6
16. Impresionar a los demás es importante para seguir adelante.	1 2 3 4 5 6
17. No me molesta en concreto el ver sufrir a los demás.	1 2 3 4 5 6
18. Es muy importante que los demás presten atención y admiren lo que hago.	1 2 3 4 5 6
19. No me gusta tener autoridad sobre la gente.	1 2 3 4 5 6
20. Intento llevar la conversación hacia otra cosa, cuando un amigo comienza a hablar acerca de sus problemas.	1 2 3 4 5 6
21. Quisiera que algún día alguien escribiese mi biografía.	1 2 3 4 5 6
22. Me siento obligado por el principio de justicia, sólo cuando es para mi propio beneficio.	1 2 3 4 5 6
23. No me gusta que se fijen en mí.	1 2 3 4 5 6
24. Encuentro fácil manipular a otros.	1 2 3 4 5 6
25. Tiendo a implicarme emocionalmente con los problemas de mis amigos.	1 2 3 4 5 6
26. Necesito saber que la gente piensa que soy una persona importante.	1 2 3 4 5 6
27. Normalmente no comparto la alegría o éxito de los demás.	1 2 3 4 5 6
28. Me gusta sentir que domino a mis amistades.	1 2 3 4 5 6

Evaluación

Determinados ítems: 1, 5, 6, 13, 19, 23, 25 presentan una corrección inversa (es decir, 1=6; 2=5; 3=4; 4=3; 5=2; 6=1).

Puntuaciones	Nivel de narcisismo
121-168	MUY ALTO
90-120	ALTO
70-89	MEDIO
51-69	BAJO
50 ó menos	MUY BAJO O NULO

Subescalas

Escalas	Nº items
IMAGEN DISTORSIONADA	2, 12, 16, 18, 26
MAQUIAVELISMO	3, 7, 11, 14, 22
DOMINANCIA	4, 10, 19, 24, 28
EXHIBICIONISMO	5, 8, 21, 23
FALTA DE EMPATÍA	1,6,9,13,15,17,20,25,27

PARTE III
LA CALMA ES ORO

*«No te agobies y tomes la vida demasiado en
serio: no saldrás vivo de ella»*

XI
INTRODUCCIÓN

XI.1. La tortuga y la liebre

«Cierto día una liebre se burlaba de las cortas patas y la lentitud al caminar que tenía una tortuga. Esta sin inmutarse y no respondiendo a la provocación, invitó a la liebre a que corriesen juntas para ver cuál de las dos llegaría antes a la meta.

La liebre, totalmente segura de su victoria, aceptó el reto. Ambos animales propusieron a la zorra, ya que tenía fama de animal muy astuto, que hiciera de juez y supervisara la carrera.

Llegado el día, arrancaron las dos corredoras al mismo tiempo. Confiada en su velocidad y ligereza, la liebre se paraba de cuando en cuando para descansar y a su vez, aprovechaba para ridiculizar y seguir riéndose de su contrincante. La tortuga nunca dejó de caminar y con su paso lento pero constante, avanzaba a su ritmo hacia su objetivo.

La liebre, en un exceso de confianza, se quedó dormida en una de sus paradas. Cuando despertó, intentó dirigirse lo más veloz posible a la meta. Sin embargo, la tortuga había llegado mucho antes al sitio convenido, sin prisa pero sin pausa, sin correr pero con perseverancia obtuvo la victoria».

Moraleja

- Los logros en cualquier proyecto se consiguen con *cuidado, diligencia, constancia y paciencia.*

- Vale más *la modestia y la perseverancia* que el orgullo y la dejadez.

- No hay que obsesionarse por llegar primero, *lo importante «es saber llegar»*.

- La soberbia, la prepotencia y el exceso de confianza pueden provocar que *no se alcancen los objetivos*.

- Si quieres triunfar, no te descuides, empieza a esforzarte ahora mismo: *el camino más largo empieza por el primer paso*.

- El mundo es un lugar más humano y plural si no despreciamos y anulamos al otro. *La vida es más enriquecedora cuando hacemos sitio para diferentes velocidades*.

XI.II. ¿QUÉ PODEMOS HACER?

> «*El secreto de la vida no está en el descubrimiento de nuevas tierras, sino en ver el mundo con ojos nuevos*»
>
> (M. Proust)

Claudio Ptolomeo fue un astrónomo que sobre el siglo II de nuestra era esbozó una teoría que marcó el pensamiento occidental durante casi mil quinientos años: la Tierra era el centro del sistema solar y todos los planetas giraban a su alrededor. El postulado presentaba un fundamento «incuestionable». Por un lado, era «evidente» al sentido común general, ya que fácilmente se podía observar ese movimiento —cualquier mortal tenía experiencia del amanecer y el atardecer y veía cómo el sol se ponía y se quitaba. A su vez, la teoría se apoyaba en una fuente de autoridad importante como era la Biblia. El relato bíblico describe cómo Josué mandó «parar el sol» para que los israelitas pudieran ganar la batalla de Gabaón (Josué, 10, 12-14).

Hubo que esperar hasta el siglo XVI para que otro astrónomo, Nicolás Copérnico, cuestionara dicho planteamiento y apostara por un cambio radical y revolucionario: la Tierra no era el centro, sino que todo giraba alrededor del sol. Aceptar ese presupuesto no fue fácil, ya que tambaleaba todo el sistema «tan bien fundamentado durante siglos» y algunos, por ejemplo Giordano Bruno, tuvieron que pagar con su vida la osadía de intentarlo.

También hubo otra manera de afrontar la situación: *Eppur si muove* —«y sin embargo se mueve»— fue la famosa frase que según la leyenda pronunció Galileo y que con su retractación posibilitó que salvara su vida. Con lo cual nos demuestra que también se pueden afrontar los acontecimientos difíciles con diversas alternativas.

La teoría heliocéntrica de Copérnico supuso una revolución no sólo en el campo de la astronomía sino también en la propia mentalidad y visión del mundo a partir de entonces. Podríamos hablar de que se produce un cambio de *paradigma*, una nueva manera de situarse para captar la realidad.

Los cambios de mentalidad son difíciles. Intentar que se cuestione un paradigma lleva su tiempo. Como afirmaba J. Keynes: *«La mayor dificultad del mundo no es el lograr que la gente acepte las nuevas ideas, sino conseguir que se olvide de las antiguas»*. Así, en la actualidad en nuestro entorno cultural todo gira alrededor de la actividad económico-laboral. Si le pedimos a alguien que se presente y nos diga quién es, no es raro que lo primero que exprese sea la profesión que lleva a cabo. El trabajo es lo que nos identifica, por lo que se convierte en nuestra sociedad en *un expendedor de identidad*. Ser profesor, albañil o mecánico es la manera de ubicarse en la vida. En consecuencia, el no desarrollar una profesión es sinónimo de no significar nada, ser un cero a la izquierda en el sistema.

Al mismo tiempo, ya hemos visto que la «máquina de la prisa» provoca que vivamos al «borde de la extenuación». No sólo hay que hacer del trabajo un absoluto, sino que además hay que realizarlo lo más rápidamente posible, sin atender muchas veces a la misma profesionalidad. Ya se van superando algunas «modas», por ejemplo, los libros tipo *One minute manager*, que durante algún tiempo se plantearon como auténticos directorios o «evangelios» de gestión empresarial. Sin embargo, sí ha quedado la idea de que hay que ser ágiles y prontos para resolver los problemas. Lamentablemente, muchas decisiones precipitadas han provocado tales consecuencias que luego se ha tenido que dedicar mucho tiempo para remediar «los desperfectos» ocasionados.

La experiencia está demostrando que, a menudo, la velocidad actúa como un *boomerang*, que se vuelve contra el sujeto y el proceso productivo. Por esta razón, poco a poco se comienzan a ofrecer fórmulas para recuperar a las personas y a las empresas, por ejemplo, desde muchas organizaciones o desde la propia Administración Pública —Plan Concilia— se empiezan a plantear proyectos para la conciliación entre la vida personal y la vida laboral[74]. Por otro lado, una subcomisión del Congreso analiza por qué España es uno de los países en los que más horas se trabaja pero también uno de los menos productivos y busca soluciones que aseguren el reparto equilibrado de las tareas del hogar entre hombres y mujeres. Si bien no basta con promulgar leyes sino que hay que cambiar de mentalidad[75].

De ahí que sea necesaria una «revolución copernicana» que *devuelva al ser humano todo su valor y lo ponga en el centro del universo*. A veces, las transformaciones se pueden producir de forma brusca y como un «tsunami», arrasar con todo lo anterior de golpe. Sin embargo, todo cambio lleva su proceso y como «gota de agua» o el ejemplo de la tortuga, debe ir renovándose poco a poco. La gota, como la tortuga frente a la liebre, no horada la piedra o consigue llegar la primera a la meta por su fuerza o su velocidad, sino que ambas ponen en juego su perseverancia para conseguir su objetivo.

Como dice el viejo proverbio italiano: «*Chi va piano, va sano e va lontano. Chi va forte va a la morte*» —«Quién va despacio, va sano y llega lejos. Quién va rápido va hacia la muerte».

---

[74] Entre la abundante bibliografía sobre el tema destacamos algunas obras: ARIZA, J.A. (2002). *El reto del equilibrio: vida personal y profesional*. Bilbao: Desclée de Brouwer. CRUZADO, M.-VELASCO, A. (2005). *¿Vives o trabajas?* Madrid: LID

[75] En esta línea resulta sugerente la innovadora concejalía de Nuevos Usos del Tiempo que ha creado el Ayuntamiento de Barcelona: http://w3.bcn.es

XII
EL MOVIMIENTO «SLOW»

> «Si uno actúa siempre con lentitud es un estúpido. No es eso lo que nos proponemos. Ser lento significa que uno controla los ritmos de su vida y decide qué celeridad conviene en un determinado contexto. Si hoy quiero ir rápido, voy rápido; si mañana quiero ir lentamente, voy lentamente. Luchamos por el derecho a establecer nuestros propios tempos»
>
> (C. Petrini)

XII.1. Introducción

> «Los niños deletrean la palabra Amor de esta manera: T-I-E-M-P-O»
>
> (J. Crudele)

Frente *al mal o enfermedad del tiempo,* hay que afirmar que la velocidad no lo es todo. Así, el vals de un minuto de Chopin no será dos veces mejor porque se interprete en treinta segundos o un buen vino tinto reserva de doce años no va a tener más sabor por reducir su crianza a la mitad de tiempo. La experiencia nos demuestra que *no sabemos a dónde vamos pero curiosamente, sí avanzamos a pasos agigantados.*

A veces puede surgir la tentación de llevar a la práctica el eslogan de los años sesenta, *que paren el mundo que me quiero bajar*, o «pasar» radicalmente del sistema fomentando la picaresca del «escaqueo» o la holgazanería, como por ejemplo proponía la autora francesa C. Maier en su obra *Buenos días pereza*[76].

Sin embargo, la solución no es «huir» o salirse del sistema, sólo algunos privilegiados con recursos y posibilidades podrían realizarlo, sino desde la realidad de cada uno, poder tomarse o afrontar la vida de otra manera.

En esta línea, en los últimos años empieza a abrirse camino el movimiento *Slow* —lento o tranquilo— que parte del supuesto de que la *serenidad y la calma aumentan la calidad de vida*. Desde distintos contextos se ha ido fraguando un planteamiento que sin un objetivo premeditado va cristalizando en una corriente alternativa, que se aglutina bajo el término *Slow*.

C. Honoré, uno de los teóricos del movimiento, describe en su obra *Elogio de la lentitud*[77] cómo se dio cuenta de su situación acelerada cuando se percató de la prisa con la que realizaba una actividad tan entrañable como la de leer un cuento a su hijo antes de dormir. No en vano, lo que tenía asimilado como ideal era encontrar ejemplares para «leer cuentos en un minuto», por ello se saltaba páginas para terminar cuanto antes y poder atender rápidamente el correo en su ordenador y así, «aprovechar» para realizar mil tareas más. De ahí surgió su reflexión que plasma en la obra y que no pretende sólo ser un ensayo y crítica contra la sociedad frenética y consumista en la que vivimos, sino proponer una alternativa viable para los que deseen replantear y reorientar su vida.

XII.II. ¿QUÉ APORTA EL MOVIMIENTO SLOW?

> «*No tiene sentido forzar los ritmos de vida. El arte de vivir consiste en aprender a invertir el tiempo en todas y cada una de las cosas*».
>
> (C. Petrini)

Es importante resaltar que no se presenta como un movimiento cultural típico. Es decir, no plantea como objetivo construirse como tal frente al

---

76 Cfr. MAIER, C. (2004). *Buenos días, pereza: estrategias para sobrevivir en el trabajo.* Barcelona: Península.

77 HONORÉ, C. (2005). *Elogio de la lentitud.* Barcelona: RBA libros.

sistema —por ejemplo, no tiene un líder o fundador, ni sedes, ni una organización estable—, sino que se va configurando como una tendencia cultural a partir de la confluencia de diferentes intereses e inquietudes[78]. De ahí que entre sus principios se puedan encontrar elementos de distintas corrientes que ya están presentes en nuestra sociedad, por ejemplo, el ecologismo, la calidad de vida o el buen vivir, la *new age*, etc. Ahora, *lo novedoso es que se replantea todo bajo la óptica del tiempo.*

Pausadamente, una minoría que poco a poco va en aumento empieza a valorar y optar más por la tranquilidad y la lentitud que por la prisa y la aceleración. Así, comienzan a establecerse vínculos entre muchas personas que se consolidan a través de la construcción de redes —internet— y foros —conferencias o encuentros— para compartir sus experiencias. Destacamos algunas *características del movimiento Slow:*

a) Apuesta por potenciar una alternativa positiva: *la desaceleración o la calma*. Para nada pretende ser un movimiento que tenga como planteamiento la protesta o ir contra el sistema *per se*. No es una corriente «anti», por ejemplo, no se asemeja a los grupos antiglobalización. Ante el eslogan de «que otro mundo es posible», el planteamiento Slow presenta una posibilidad y camino real para construir ese modelo.

b) A su vez, no cae en los viejos debates estériles entre la izquierda y la derecha. Es decir, el movimiento Slow no es «*anticapitalista*», en tal caso lo que propondría es un *capitalismo más equilibrado y menos destructivo*.

Si en los últimos años se ha desarrollado un *turbo-capitalismo* frenético, que como una plaga en su voracidad ha ido arrasando y destruyendo todo lo que ha ido encontrando a su paso, ahora se pretende «reinventar» el capitalismo para el siglo veintiuno[79]. Se podría decir que la corriente Slow podría «salvar» al capitalismo, ya que intentaría establecer un nuevo esquema de valores, nuevas prioridades y estilos de vida. Se trataría de un *capitalismo lento* que tendría una visión distinta del término beneficio y en el que evidentemente

---

78 Las diferentes concreciones que adoptan el calificativo de Slow (por ejemplo, Slow Food, Città Slow, etc.) si irán creando una organización más formal, pero son independientes y no pertenecen a una «entidad» Slow superior que las coordine.

79 Si es que es posible, ya que en sí como afirma K. Nech, «la ley básica del capitalismo es tú o yo, no tú y yo».

se incluiría la perspectiva social. Es esta nueva alternativa, el placer y la satisfacción personal no se entenderían meramente como sinónimo de éxito económico.

c) En esa línea, su objetivo no es tampoco ir contra la velocidad o la aceleración en sí, *sino sensibilizar para potenciar la calma y la razón.* No se pretende una declaración de guerra contra la velocidad. Hay situaciones en las que viene muy bien actuar más rápido, pero lo que no podemos es convertir la velocidad en una «obsesión». Sí es importante cuestionar la tiranía de los «rápidos y eficaces» sobre los «lentos y torpes».

d) El ideal no es apostar radicalmente por la «lentitud extrema» sino apoyar que todo tiene su *tiempo justo*. La aceleración por la aceleración no es un valor como la lentitud por sí misma tampoco lo es. Lo fundamental es realizar las tareas en *su tiempo o ritmo apropiado*. Reemplazar el culto a la velocidad por el culto a la lentitud sería un error. El objetivo es dedicar a las distintas actividades el tiempo que necesitan y «merecen», es decir, hay que valorarlas dedicándole tiempo.

Revindicar la lentitud es un modo de asumir la vida con placer; de plantearse las cosas con calma, sin angustia; de detenerse y observar; de resistirse a la prisa para disfrutar de la existencia. Lo cual no significa volverse improductivo, sino actuar rápido cuando haya que hacerlo y lento cuando convenga. Se trata de que sea la persona la que controle el reloj y los ritmos de vida, y no al revés.

La filosofía de la lentitud se podría resumir con una palabra: *equilibrio*. Ser rápido cuando sea necesario y actuar tranquilamente cuando sea conveniente.

e) Como alternativa se plantea la *desaceleración* a través de la cual se busca el ritmo adecuado para cada tarea. La *desaceleración* nos puede hacer más efectivos y de ahí que sea fundamental sensibilizarse sobre los distintos estilos de vida.

¿Qué implica la desaceleración?

- *Un nuevo esquema de valores que posibilita una distinta relación con el tiempo: es importante saber «perder» el tiempo.* Donde alguien tiene su «tesoro», ubica su corazón. ¿Qué nos preocupa?

- *Hay que educar la paciencia*. Nuestra impaciencia es tan grande que hasta queremos «ralentizar» rápidamente. Un cambio de mentalidad no se puede conseguir en dos días. Una revolución cultural lleva tiempo. Si bien el movimiento Slow más que una revolución brusca que arrasa, apuesta por la «evolución» que empapa y modifica lentamente las estructuras desde los cimientos.

  Los partidarios de la lentitud no son neo-luddistas o revolucionarios fundamentalistas que destruyen lo que encuentran a su paso, sino «vividores», en el buen sentido de la palabra, es decir personas que disfrutan y aman la vida y tal disposición conlleva su tiempo. Es curioso, que la concreción del espíritu Slow en la comida —*Slow Food*— haya surgido en Italia, el país de la *dolce vita*. En el fondo es un estilo de vida que recupera los valores tradicionales de la cultura mediterránea.

- *Apuesta por una relación simbiótica con las nuevas tecnologías*. El huir de la tiranía del minutero no significa que haya que renunciar a las posibilidades que aportan los nuevos avances tecnológicos. Se pretende crear una relación de simbiosis que enriquezca al usuario, más que una situación de dependencia. Las nuevas tecnologías son medios y aliados para mejorar la calidad de vida, no fines que esclavicen y sometan a los sujetos. En la página web de las «ciudades lentas» reza el siguiente lema: *Slow for a better life* —lentitud para una vida mejor.

- *Nos empuja a saborear la vida y no sólo sobrellevarla*: *aprender a «saborear» el presente*. El objetivo es vivir el día a día con sentido. Es decir, se apuesta por vivir y no sólo «sobrevivir».

- *Se valora más la calidad que la cantidad*. Se trata de hacer las cosas bien y no sólo hacer muchas actividades. Por ejemplo aplicado al mundo del trabajo implica un cambio de mentalidad: no es lo mismo trabajar muchas horas que ser más productivo. Trabajar mucho no es sinónimo de trabajar bien[80].

f) Al no ir contra nadie, *tiene cabida para todos*. La filosofía Slow puede ser aplicada por personas de distintas edades, clases sociales, tenden-

---

[80] Cfr. El libro Blanco *Bases para la Racionalización de los horarios españoles* escrito por la Fundación Independiente y el Centro Internacional Trabajo y Familia (ICWF) del IESE Business School.
http://www.fundacionindependiente.es/portada/portada.php
http://www.horariosenespana.com/publicaciones/libro-blanco/prologo.php

cias políticas o religiosas, ya que, el virus de la prisa ha contagiado a todos. De ahí que no sea un movimiento «elitista» o para un grupo cultural «específico», sino abierto a todo el mundo. Cualquier persona desde su situación específica puede plantearse un cambio de valores y de hábitos de vida. Por ejemplo, pasar más tiempo con la familia, pasear más, conversar con los amigos, ver menos televisión, practicar algún deporte, observar el atardecer... son actividades que no necesariamente requieren dinero, ni tampoco impiden ganarlo si se administra adecuadamente el tiempo.

En la misma línea del espíritu Slow, se han desarrollado algunos movimientos más especializados. Quizá el que tiene más peso y veteranía sea el denominado Slow Food, de ahí que le dediquemos más atención:

1. *Slow Food (comida lenta o tranquila)*[81]. En el mes de julio de 1986 se inauguró un restaurante McDonalds en la Plaza de España de Roma. Dicho acto hubiera pasado desapercibido, si no se hubiese convertido en cierto «revulsivo» que actúo como una llamada de atención para un grupo de amantes de la buena mesa, ya que les sirvió como «detonante» para recuperar y promover los valores perdidos de su propia tradición mediterránea.

Como resultado de esa interpelación, surgió la asociación *Arcigola* que frente a la moda de la «fast food» —comida rápida— y la «fast life» —vida rápida— propusieron la «slow food» —comida lenta— que conlleva la «slow life» —vida tranquila—. El objetivo de *Arcigola* era tutelar el «derecho al placer», con el planteamiento de divulgar y proteger la herencia cultural agroalimentaria, así como la historia medioambiental de los lugares dedicados al placer gastronómico.

Con este espíritu, en el año 1989 se reunieron en la Opera Cómica de París representantes de las delegaciones de diversos países, y capitaneados por C. Pertrini rebautizaron la sociedad como *Slow Food*. El encuentro sirvió para aprobar el *Slow Food Manifiesto* en el que se exponen sus intenciones: defensa del placer material reposado; redescubrir los aromas y sabores de la cocina regional; desarrollar el gusto, etc.[82]

---

81 http://www.slowfood.com/

82 Cfr. El «Slow Food Manifiesto» en *la Guía Slow Food*, pp. 6-7.
http://www.slowfood.com/eng/sf_cose/companion/Companion_ESP.pdf

A partir del encuentro de París, el movimiento se convirtió en una organización internacional sin ánimo de lucro. En la actualidad agrupa a cerca de 1.000 *Convivia* —«Convivium» es un término latino que significa, «fiesta, diversión, banquete»— o asociaciones locales, que representan una red de 80.000 asociados. La sede central de la organización está en la ciudad italiana de Bra.

El «símbolo del caracol» expresa todo el espíritu del movimiento. El caracol es un animal cosmopolita que se presenta como un «talismán» o «amuleto» contra la impaciencia y la prisa. Si pudiéramos tomarnos nuestro tiempo para contactar con la naturaleza y con los demás, seguro que nuestra forma de vida sería diferente. La silenciosa vida del caracol puede servir para reflexionar sobre los agitados ritmos de vida y sus consecuencias. Además el caracol al llevar su casa a cuestas, tiene la habilidad de saborear cualquier experiencia, ya que donde esté el caracol, allí se encuentra su hogar.

Slow Food vincula placer y alimento de forma consciente y responsable. He aquí algunas iniciativas que desarrolla:

a) Defensa de la Biodiversidad. El disfrute de la comida supone el salvaguardar muchos de los productos agrícolas o incluso razas de animales que están desapareciendo por culpa de la uniformidad en la alimentación y de los intereses de las multinacionales agroalimentarias. El objetivo es proteger el «patrimonio alimentario».

Se realiza por medio de distintos proyectos:

- *Arca del Gusto*. Su objetivo es redescubrir y catalogar sabores olvidados, productos gastronómicos de excelencia documentada que se encuentran en peligro de extinción.
- *Los Baluartes*. Proyectos a pequeña escala dedicados a asesorar a grupos de productores artesanales.
- *Premio Slow Food por la defensa de la Biodiversidad*. Identifica y reconoce la investigación, la enseñanza, la producción y la promoción que benefician a la biodiversidad en el contexto de la alimentación.
- *Terra Madre*. Celebrada por primera vez en octubre de 2004 en Turín (Italia), es la conferencia internacional de las comunidades del alimento de Slow Food que reúne a miles de campesinos y productores de alimentos de más de 120 países.

b) Educación del Gusto. Las Convivia ofrecen actividades y degustaciones, así como los «Talleres del Gusto». A través de éstos tiene lugar una nueva cultura basada en recuperar el placer de la buena mesa, fomentar la hospitalidad y la solidaridad. No olvidemos que etimológicamente el término compañero deriva del latín «cum panis», que son aquéllos que comparten un mismo pan. Al mismo tiempo, propician la educación de los sentidos para redescubrir la riqueza de los distintos aromas y sabores.

Los jóvenes aprenden en las escuelas y los futuros gastrónomos reciben su formación en la «Universidad de Ciencias Gastronómicas» que tiene su sede a las afueras de la ciudad de Parma, en la región del Piamonte italiano.

c) Reunión de productores y consumidores. Se organizan ferias y eventos que dan a conocer para su consumo productos desarrollados a través de microeconomías de regiones marginales. De esa manera se pretende impedir la desaparición de alimentos y sistemas de producción artesanal. En plano internacional destaca el festival de la alimentación «*Salone del Gusto*» que tiene lugar cada dos años en el Piamonte Italiano.

La filosofía de la «Comida tranquila» plantea una actitud ante la vida. No se basa en el elitismo de los «chefs», sino que intenta recuperar lo tradicional y popular. No todo vale con tal de «llenarse la barriga»: un pollo criado en cuatro meses, no sabe a nada. A su vez, supera la tiranía de los productos «light», así en las estanterías de nuestros supermercados casi hay más productos «lights» que productos artesanales normales. Lo que se pretende es sentir el placer de la comida, su degustación y en un ambiente adecuado de interacción social. ¿No es triste comer solo o cada uno aislado en su burbuja frente al televisor?

Como se afirma en la Guía del movimiento:

> «*Slow Food es la intersección entre ética y placer, entre ecología y gastronomía. Una postura de resistencia contra la homogenización del gusto, contra el ilimitado poder de las multinacionales, la agricultura industrial y la locura de la vida rápida. Slow Food devuelve a la mesa la dignidad cultural del alimento y los ritmos lentos de la convivencia*»[83].

---

[83] WEINER, S. (2005). *La Guía Slow Food*. Bra: Centro Stampa. p. 37. http://www.slowfood.com/eng/sf_cose/companion/Companion_ESP.pdf

2. *Cittàslow*. «No sólo de pan vive el hombre», así el «espíritu slow» se va expandiendo a distintas actividades humanas. La ciudad italiana de Bra se autoproclamó por decreto como la primera «ciudad lenta», y en un gesto simbólico retrasó 30 minutos el reloj de la Iglesia para demostrar la poca importancia del tiempo. Lo fundamental era disfrutar de una ciudad agradable, conservar las culturas locales y promover una mejor calidad de vida. Para ello, el alcalde prohibió abrir los almacenes jueves y domingos y transitar por el centro de la ciudad en automóvil.

En la actualidad son más de 40 ciudades en Italia —Positano, Orvieto, Chiavenna, etc.— las que se han adherido a este proyecto. Fuera de Italia el movimiento ya cuenta con ciudades en distintos países, Alemania, Reino Unido, Noruega, Polonia, Portugal y otros muchos municipios de distintos países —entre ellos España— han manifestado su interés por afiliarse.

Desde el año 2000, un cartel las identifica: un caracol entre un edificio viejo y uno nuevo[84]. Fundamentalmente obedecen a siete principios establecidos en su Carta Constitutiva:

1. Elaborar una política ambiental que tienda a mantener y desarrollar las características del territorio y de la arquitectura urbana.
2. Elaborar una política de infraestructura funcional que respete el territorio y no sólo fomente su ocupación.
3. Promover el uso de la tecnología orientada a mejorar la calidad del ambiente y del tejido urbano.
4. Incentivar la producción y el uso de los productos de la alimentación obtenidos con técnicas naturales y compatibles con el medio ambiente.
5. Salvaguardar la producción autóctona y recuperar la cultura tradicional, promocionando el contacto entre los productores y los consumidores.
6. Promover la cultura de la hospitalidad. Crear una atmósfera amigable.
7. Fomentar el estilo de vida «Slow» a través de la educación y la divulgación del concepto.

---

84 http://www.cittaslow.stratos.it/
http://www.cittaslow.net/

Para convertirse en una «ciudad tranquila» no bastan las buenas intenciones, sino que hay que cumplir una serie de requisitos. Por ejemplo, las ciudades han de tener menos de 50.000 habitantes —tamaño a partir del cual se considera que la localidad deja de tener dimensiones humanas— y se tienen que comprometer a poner en marcha los principios de Cittàslow. Además un equipo enviado por la organización visitará el municipio y comprobará si cumple al menos el 50% de las condiciones.

3. *Otras alternativas.* Poco a poco, se van desarrollando diversas iniciativas que potencian la filosofía de «la lentitud»:

- *Slow Schools.* Escuelas que apuestan por una enseñanza sin competitividad, ausencia de masificación, sin timbres, sin horarios, sin estrés. Las agendas de los pequeños está tan repleta o más que la de los mayores: clases, actividades extraescolares, deportes, idiomas, etc. La escuela «tranquila» es un enfoque que fomenta un entorno y método adaptados a las necesidades de los alumnos y con flexibilidad y tiempo adecuado para adaptarse a los distintos ritmos de aprendizaje.

    El sociólogo G. Ritzer[85], autor de la obra *La Mcdonalización de la sociedad,* es uno de sus promotores. Así, para G. Ritzer los principios de las empresas de comida rápida: eficacia, predicción y control, se han extrapolado a la enseñanza, de modo que la «tiranía del reloj» impregna el sistema escolar. ¿Debe el aprendizaje ir al ritmo del timbre escolar?

- *Take Back Your Time (TBYT),* «Recupera tu tiempo». Iniciativa norteamericana-canadiense para investigar cómo la epidemia del exceso de trabajo, las agendas sobrecargadas y la falta de tiempo amenazan nuestra salud, nuestras familias, nuestras relaciones, nuestras comunidades y la convivencia en general. Desde hace varios años, esta organización celebra la Conferencia del Tiempo y ha enviado una propuesta al Congreso de Estados Unidos para que el 24 de octubre sea el «Día oficial sin relojes», ya que a esa altura del año, un americano medio ha trabajado más horas que un europeo medio.

    Lo mismo que existen días cargados de connotación simbólica, por ejemplo «El Día del Trabajo o de la Mujer Trabajadora», sería

---

[85] RITZER, G. (1996). *La Mcdonalización de la sociedad: un análisis de la racionalización en la vida cotidiana.* Barcelona: Ariel.

conveniente que la sociedad se sensibilizara sobre los estilos de vida. Para ellos, la revolución está en marcha y así como hace unos años determinados temas, por ejemplo la ecología o el feminismo, se veían inalcanzables, poco a poco han pasado a integrarse en la actividad normal de nuestros entornos sociales.

- *La Sociedad para la desaceleración del tiempo.* Pretenden volver al tiempo natural y abogan por prestar atención al presente y a la cultura y defienden «un tiempo para todo y cada cosa a su tiempo». Todos los meses de octubre celebran la conferencia anual en la ciudad de Wagrain en los alpes austríacos. Sus seguidores cuando sorprenden a alguien que recorre cincuenta metros en menos de treinta y siete segundos, lo paran y le piden que les explique el porqué de su prisa. Para sensibilizarlos y «reeducarlos», suelen poner una penalización curiosa: recorrer los mismos cincuenta metros tirando de una marioneta en forma de tortuga.
- *La Fundación para un Largo Ahora —The Long Now Foundation*[86]—. Reflexiona sobre el uso del tiempo y uno de sus proyectos es construir un reloj de dos metros y medio de alto que funcionará con tecnología de la Edad de Bronce y que se colocará sobre una montaña para guardar simbólicamente la hora durante diez mil años.
- *Sloth Club*[87]. Cofradía de la lentitud fundada en Tokio que apuesta por una vida más tranquila, inspirada en el animal perezoso. Defienden el eslogan de que «lo lento es bello».

---

[86] http://www.longnow.org
[87] http://www.slothclub.org

XIII
DECÁLOGO PARA APRENDICES: «LA CALMA ES ORO»

> *«La gente siempre culpa a sus circunstancias por ser lo que son. Las personas que progresan en este mundo son aquellas que buscan las circunstancias que quieren y, si no son capaces de encontrarlas, las crean»*
>
> *(G.B. Shaw)*

> *«¿Qué es más importante el cambio tecnológico o cambiar la manera en que nos ocupamos de la gente? La interacción entre ambos es compleja. Sin embargo, los temas humanos son más importantes que la tecnología. Las empresas de hoy no son buenos lugares para trabajar y las sociedades de hoy no son necesariamente lugares placenteros para vivir»*
>
> *(M. Harris)*

A propósito de ofrecer sugerencias para llevar a cabo un estilo de vida más tranquilo, me viene a la mente la siguiente anécdota:

«Había una vez un hombre que daba una clase a los padres sobre cómo ser padres. La tituló "Decálogo o Diez mandamientos para padres", y los padres inseguros en sus aptitudes, venían de todas partes para asistir a su clase y aprender cómo ser mejores padres. En aquel entonces, ese hombre estaba soltero y no tenía hijos.

Un día conoció a la mujer de sus sueños y se casó. Con el tiempo tuvieron un hijo. A partir de ahí cambió el título de su clase y le puso "Cinco sugerencias para padres".

Años después tuvieron otro hijo. Le dio de nuevo un título a la clase "Tres pistas provisionales para padres".

Cuando nació su tercer hijo, dejó de dar la clase».

Si algo sacamos en claro de los apartados anteriores es la complejidad de los temas que pretendemos abordar. ¿Es posible ofrecer sugerencias en un terreno tan movedizo? Sin embargo, las investigaciones y la experiencia de la vida, nos ofrecen algunas pistas sobre las que podríamos apuntar un posible «retrato robot» para potenciar ritmos de vida más sanos.

El empleo de la expresión «decálogo para aprendices» no pretende ser un mero recurso estilístico, sino que tiene como objetivo recuperar el verdadero sentido del término «aprendiz»: la actitud de quien está dispuesto al aprendizaje. El aprendiz está abierto a seguir incorporando conocimientos y avanzar por nuevos caminos. El que ya lo sabe todo, «está inflado» y por tanto, no tiene necesidad de aprender nada. Sin embargo, la actitud de aprendiz convierte la vida en un continuo proceso de aprendizaje.

A continuación, desarrollamos el decálogo para aprendices: «la calma es oro»:

Decálogo para aprendices: La calma es oro

1. Cambiar el reloj por la brújula: tener un norte claro.

2. Convertirse en el protagonista de la propia historia: poner los medios.

3. Aprender a conocerse: fortalezas y debilidades.

4. Saber priorizar: jerarquía de valores.

5. Saborear el presente: *carpe diem*.

6. Saber perder el tiempo: ganar calidad de vida.

7. Darle tiempo al tiempo: la creatividad necesita tiempo.

8. Saber simplificar: soltar lastre.

9. Saber ser paciente y perseverante: ser proactivo y no reactivo.

10. Saber vivir: ser positivo y tener sentido del humor.

XIII.1. Cambiar el reloj por la brújula: Tener un norte claro

> «—¿Podrías decirme, por favor, qué camino he de tomar para salir de aquí?
> —Depende mucho del punto adonde quieras ir —contestó el Gato.
> —Me da igual dónde —dijo Alicia.
> —Entonces no importa qué camino sigas —dijo el Gato.
> —... siempre que llegue a alguna parte —añadió Alicia, a modo de explicación.
> —¡Ah!, seguro que lo consigues —dijo el Gato—, si andas lo suficiente.»
>
> (L. Carroll)

Como bien afirma el Gato de Cheshire en su diálogo con Alicia, el camino que queramos tomar va a depender de a dónde pretendamos llegar. Es fundamental, tener un norte bien definido, ya que el objetivo orientará la acción. Se suele afirmar que «el que tiene un por qué, buscará el cómo» o como apuntaba Séneca, *«ningún viento es favorable para el hombre que no sabe a dónde va»*. Quién no tiene claro el norte, como el personaje de Alicia, le da lo mismo elegir un camino que otro. He ahí, la importancia de la brújula: no sólo hay que realizar actividades sino que hay que intentar que éstas vayan en la dirección adecuada.

La realidad se impone. A. Camus lo expresaba de manera intensa: *«Los hombres siguen muriendo y no son felices»*. Todos deseamos más tiempo, pero la experiencia demuestra que nuestro modo de actuar va por otro lado. Parecemos «Lemmings», pequeños animales roedores del Norte de Europa, que según la tradición cuando tienen superpoblación emigran y a veces se arrojan a los ríos, a los lagos o al mar desde peñascos simulando una cascada. De manera similar, la mayoría de las personas se quejan de los actuales estilos de vida, pero nadie los cuestiona y en masa inexorablemente se camina al precipicio o «suicidio colectivo».

Se tiene el deseo de cambiar pero nadie da el paso adecuado, sino que más bien se orienta en otra dirección. El ser humano actual se convierte en un «bulímico de deseos». Nuestros deseos crecen con más rapidez que el tiempo que tenemos para satisfacerlos y el día a día sigue alimentando este «círculo vicioso» de la existencia.

A veces, puede ser necesario que un observador externo nos interpele. ¿Qué deseamos realmente? ¿Tienen sentido nuestros estilos de vida? ¿Vale la pena ese torbellino o agitación desproporcionada que nos puede llevar hacia el abismo?

Como en el cuento de Andersen *El traje nuevo del emperador* —inspirado en un relato anterior del Conde Lucanor— sería conveniente que un niño con su ingenuidad e inocencia cuestionara sobre la realidad que se vive y exclamase: «¡Pero si no lleva nada!», y en nuestro contexto afirmase: «¡Pero si no conduce a nada!». Por mucho que queramos disimularlo, la sociedad está enferma y nosotros somos los cómplices que reforzamos sus patologías.

¿Qué es lo que realmente deseo? El siguiente ejercicio puede ayudar a clarificar:

Ejercicio 1. Sensibilización sobre el deseo: Cronograma.

> *«Me siento como un mosquito en una playa nudista: sé lo que quiero, pero no por dónde empezar»*
>
> (S. Bayne)

Realiza las siguientes actividades:

- Ten en mente una semana normal de tus últimos meses.

- Intenta ser consciente de a qué tipo de actividades dedicas tu tiempo. Anótalas.

- Agrupa las actividades por áreas. Por ejemplo, trabajo, familia, relación social, ocio, dedicación o cuidado personal.

- Traslada tu selección a un baremo numérico en el que la puntuación máxima sea 100. Es decir, tienes que distribuir 100 unidades entre las cinco áreas según el tiempo que empleas en cada una. ¿Qué porcentaje dedicas a cada una de las cinco áreas?

Puedes utilizar la siguiente tabla:

Areas	Realidad actual ¿Qué es lo que hago?	Deseo ¿Qué me gustaría?	Diferencias
Trabajo-estudio			
Familia			
Relación social			
Ocio			
Dedicación o cuidado personal			
TOTAL	100	100	

Este ejercicio sirve para sensibilizarse ante el desnivel que suele presentarse entre lo que se desea y la realidad. Analizar la realidad es el primer paso para poder transformarla.

XIII.II. CONVERTIRSE EN EL PROTAGONISTA DE LA PROPIA HISTORIA: PONER LOS MEDIOS

> «Sé tú el cambio que deseas ver en el mundo»
>
> (M. Gandhi)

Ya Aristóteles afirmaba en su obra *Ética a Nicómaco* que «*todos los hombres desean y buscan la felicidad*». Si es un asunto tan evidente, ¿qué es lo que nos pasa? El problema no está en el *qué*, todos queremos ser felices, sino en el *cómo*, qué idea tenemos de lo que es la felicidad y *qué medios* empleamos para conseguirla.

Si la principal tarea del ser humano es la búsqueda de la felicidad, tal disposición requiere una actitud activa. Hay que tener claro que las cosas no ocurren por azar o por generación espontánea, sino cuando alguien «hace que ocurran». He ahí la importancia de tomar las riendas de la vida y convertirse en el actor o protagonista de la propia historia. Podemos tener muy buenos deseos pero si no apostamos por poner en práctica los medios adecuados difícilmente llegaremos al destino propuesto.

Un texto que se atribuye a Agustín de Hipona narra lo siguiente:

> «En una playa amplía, las olas van dejando cientos de estrellas de mar en la arena. Un hombre que pasea por la orilla contempla con tristeza la escena. En su caminar ve que un niño va recogiendo estrellas y las devuelve al océano. El hombre ante el absurdo de esa conducta, le lanza una pregunta:
> —¿Por qué haces eso? El sol brilla de manera intensa, hay miles de estrellas y es tan extensa la playa, que seguro que se secarán y morirán. ¿Qué sentido tiene devolver unas pocas? ¿Puede servir para algo?
> El niño mira al hombre, recoge otra estrella y la arroja al agua, y tranquilamente le responde:
> —Para esta, si tiene importancia.
> Cuentan que, al día siguiente, vieron a ambos en la playa recogiendo estrellas».

Es importante tener nobles deseos, pero aunque es condición básica para iniciar cualquier proyecto, no es suficiente. No sólo es fundamental tener buenas intenciones, sino que además hay que llevarlas a la práctica. Un proverbio chino afirma que *«no basta con ir al río y querer pescar peces, hay que llevar también una red»*.

Ya la tradición nos cuenta cómo Ulises en su viaje de regreso a Ítaca fue avisado del peligro que le acechaba si pasaba por el territorio de las sirenas. Ulises, buen conocedor de la debilidad humana, para nada fue ingenuo ni prepotente y puso los medios adecuados para no caer en el peligro: taponó los oídos de sus marineros y él mismo se hizo amarrar para evitar sucumbir a la tentación.

Sí conviene resaltar que uno debe ser el actor y protagonista de su vida. Asumir el riesgo y la libertad de vivir es la única manera de poder construir responsablemente el proyecto personal de la existencia. Nadie tiene derecho a vivirlo en tercera persona o como observador externo de su propia historia.

Ejercicio 2. Sincero consigo mismo: Responsabilizarse de la vida

> *«Si estamos sometidos, mi querido Bruto, la culpa no está en nuestra estrella, sino en nosotros mismos»*
>
> (W. Shakespeare)

Intente responder a las siguientes preguntas:

1. Describa la situación que vive. ¿Cómo se siente? ¿Cómo se definiría? ¿Qué le molesta? ¿Qué le gustaría cambiar?

2. Evalúe las consecuencias. ¿Le compensa?

3. Analice las causas. ¿Por qué está así? ¿Cuáles cree que son las causas que explican su estado de ánimo, malestar, etc.?

4. Plantee alternativas. ¿Qué posibles alternativas podría realizar para replantear la situación actual? No se cohíba, ni ponga censuras. El objetivo es plantear todas las posibilidades que pudiera tener a su alcance.

5. Examine pros y contras de cada alternativa. En su contexto, ¿cuál o cuáles son posibles de llevar a cabo?

6. Elija una o dos posibilidades. Plantéesela como objetivo y ponga medios para ponerlas en práctica:

Objetivo: ¿Qué pretendo realizar?	*Medios:* ¿Cómo estoy dispuesto a llevarlo a la práctica?	*Revisión- Evaluación*
Dedicar más tiempo a la familia	• Ver menos televisión y charlar más con mi pareja • Organizar actividades lúdicas que engloben a todos los miembros de la familia	
...	• ... • ...	
...	• ... • ...	

7. Evalúe y revise el cumplimiento de ese objetivo. ¿Se ha llevado a cabo? ¿Qué ha ocurrido?

XIII.III. Aprender a conocerse: Fortalezas y debilidades

«Conócete a ti mismo»
(Oráculo de Delfos)

Desde hace siglos el ser humano se sigue planteando la misma pregunta: «¿Quién soy?». Voltaire lo expresaba en la siguiente frase que en sí englobaría toda la problemática filosófica humana: *«¿Quién soy, dónde estoy, adónde voy y de dónde vengo?»*

A veces, es más fácil llegar a conocer el entorno o iniciar el descubrimiento de planetas lejanos y sin embargo, la propia realidad personal puede quedar a años luz. ¿Qué nos pasa? Se supone que tendríamos que ser el principal objetivo de nuestra existencia. Nos guste más o menos, aunque resulte de perogrullo debemos asimilar que vamos a estar con nosotros mismos mientras vivamos, y si no nos conocemos, poco partido nos podremos sacar.

En el fondo se tiene miedo y como afirmaba Sófocles, *«cuando se tiene miedo, todo cruje»*. De ahí que se busquen mecanismos alternativos que «amaguen» el posible impacto o dolor que pueda provocar el afrontar la realidad. Existe una gran capacidad de autoengaño. «Somos el peor juez y el peor verdugo de uno mismo» y fácilmente distorsionamos la percepción de nuestra realidad. Solemos ser «muy objetivos y críticos» con los demás y «excesivamente subjetivos» con nosotros mismos.

En Psicología se emplea el término de *mecanismos de defensa* para explicar esta situación. La realidad que tenemos por delante puede ser dura o no apetecible. Nos puede molestar y en vez de afrontarla directamente, se busca una alternativa que aparentemente solucione el problema pero simplemente a través de ese «amago» o «rodeo», lo que se consigue es «aparcarlo», y así lo problemático seguirá actuando y pasará factura.

Describimos algunos mecanismos de defensa que solemos emplear:

- *Racionalización.* El ser humano, supuesto animal racional, tiene una gran capacidad para justificar cualquier tipo de actuación. Por ejemplo, si un niño pequeño está realizando travesuras en su cuarto y escuchamos un ruido por haberse roto algún objeto, si preguntamos qué ha pasado, difícilmente nos responderá que le ha dado un golpe y se ha caído. Es más normal que intente buscar algún tipo de excusa para explicar su conducta: «yo no he sido» o «se ha caído solo». El peligro de la racionalización es que el individuo termina creyendo fielmente sus propias elaboraciones.

- *Proyección.* Se suele poner fuera del sujeto aquello que le resulta penoso o negativo. Así, si son los otros los responsables, sólo ellos pueden cambiar la situación. Es un mecanismo que supuestamente nos «libera», pero que no nos ayuda ya que al no «tener nada que ver», no hay que replantearse nada. Por ejemplo, si le preguntamos a un estudiante sobre la nota de un examen, si esta ha sido un dos, es normal que afirme, «me han suspendido»; si fuera un ocho, es más fácil que exprese: «he aprobado». El aprobado es obra suya, sin embargo, del suspenso parece que el responsable es alguien ajeno, y por tanto, es el otro el que tiene que cambiar.

- *Negación.* Si algo no existe no hay que tenerlo en cuenta. Si negamos una realidad no hay que afrontarla. Por ejemplo, si alguien no es capaz de aceptar o reconocer una determinada experiencia, esta, supuestamente, no aporta nada ya que no ha existido. Sin embargo, mantener esa negación puede suponer un coste psicológico: se puede llegar a evitar personas o situaciones que nos la recuerden, a su vez, aumenta la desconfianza y la suspicacia y mantiene al sujeto permanentemente a la defensiva.

- *Regresión.* Según este mecanismo, experiencias pasadas son vividas como presentes. A su vez, determinadas vivencias de antaño, tanto si han sido positivas como negativas, pueden convertirse en un «lastre» que imposibiliten la aparición de nuevas relaciones. Lamentablemente, se pueden estar pagando fuertes «hipotecas» por estar atrapados en historias del pasado.

- *Evasión.* Se utiliza la fantasía para eludir la realidad que no es placentera. El individuo se refugia en proyectos, ensueños y planes ilusorios. De esa manera, satisface con la ensoñación lo que no puede realizar en el mundo real. El cuento de la lechera es un buen ejemplo: piensa en lo que va a ir consiguiendo y no capta la piedra que hay en el camino, con lo cual ¡pobres gallinas, huevos, granja, etc.! Muchas de nuestras postergaciones, dejar para un futuro y no vivir el presente, pueden caer en mecanismos de evasión.

- *Idealización.* El sujeto valora exageradamente tanto su situación personal como las circunstancias en que vive: el trabajo, la familia o los amigos. Por ejemplo, alguien se puede describir como «el conjunto de todos los bienes sin mezcla de mal alguno» o «Soy el mejor y estoy en la mejor empresa». La idealización puede ser una magnífica excusa para no afrontar ningún problema, ya que como no existen, no hay por qué prestarles atención. No es extraño que contextos ideales se vengan abajo cuando ocurre algún acontecimiento que comienza a cuestionar ese «mundo feliz».

- *Formación reactiva.* Se actúa de manera totalmente opuesta a cómo se vivencia y siente. Así, impulsos y deseos que no aceptamos lo transformamos exageradamente en lo contrario. Por ejemplo, «el complejo de superioridad» sería la formación reactiva de un «complejo de inferioridad», cuando alguien tiene que estar afirmando que es el mejor es porque ni el mismo se lo cree. Hay un refrán popular que se podría aplicar a este mecanismo de defensa: *Dime de qué presumes y te diré de qué careces.*

- *Desplazamiento.* El sujeto sustituye la salida natural de satisfacción de una necesidad por otra ya que la anterior está bloqueada. Es decir, ante la imposibilidad de descargar, expresar o satisfacer una necesidad determinada con un objeto o persona, lo trasladamos a otra, ya que esa posibilidad resulta más alcanzable. Por ejemplo, ante la tensión por problemas del trabajo, se descarga en la familia. A su vez, puede presentarse también una dimensión social del desplazamiento. Así algunos colectivos pueden ser considerados como los causantes o «chivos expiatorios» de los problemas de la sociedad. En definitiva, hay que tener cuidado ya que se suele realizar el desplazamiento sobre aquellas personas que tanto a nivel social o personal consideramos «más débiles».

- *Conversión.* El mecanismo de defensa de la conversión se relaciona con las clásicas somatizaciones. La tensión interna se exterioriza a través de un padecimiento físico. En la actualidad nuestros estilos de vida potencian una gran gama de enfermedades psicosomáticas: alergias, trastornos del sueño, trastornos digestivos, etc.

- *Compensación.* Se sustituye la limitación o incapacidad en un aspecto determinado de nuestra realización personal, lo cual provoca frustración y malestar, por el triunfo y el éxito en otras áreas. Si alguien se siente inferior en una dimensión, se extralimita en otra, para de esa manera sobresalir y superar esa limitación.

Al mismo tiempo, si no nos aceptamos como somos, nos descentramos ya que vivimos y actuamos «enajenados», como si no fuéramos nosotros. De ahí la importancia, de «tocar fondo» y «darse cuenta», es decir, ser conscientes de lo que somos, con nuestras fortalezas y debilidades. Como bien afirma F. Perls, *«una rosa es una rosa y nunca pretenderá ser un canguro»*.

Ejercicio 3. Planificación estratégica personal: *Análisis DAFO individual*

> «Conocer a los demás es Inteligencia,
> conocerse a sí mismo es Sabiduría.
> Dominar a los demás es Fuerza,
> Dominarse a sí mismo es Poder».
> *(Lao Tse)*

Rellena la siguiente tabla:

FORTALEZAS ¿Cuáles son mis puntos fuertes? Lo que debo potenciar	DEBILIDADES ¿Cuáles son mis puntos débiles? Lo que debo cuestionar y mejorar
AMENAZAS ¿Cuáles son mis miedos? Lo que puede limitarme o anularme	**OPORTUNIDADES** ¿Cuáles son mis posibilidades de desarrollo o crecimiento?

XIII.IV. Saber priorizar: jerarquía de valores

> *«Todo necio*
> *confunde valor y precio»*
> *(A. Machado)*

En los libros sobre administración del tiempo suele plantearse con diversos matices, el siguiente relato:

> Un experto consultor de empresas quiso llamar la atención de los participantes en su taller de gestión del tiempo. Puso sobre la mesa un tarro de cristal grande de boca ancha. Al momento, lo fue llenando de piedras de cierto tamaño. Cuando terminó preguntó a los asistentes: ¿Está el tarro lleno? Todo el mundo lo miró y asintió. Entonces sacó una bolsa con gravilla. Echó parte de la gravilla en el frasco y lo agitó. Las piedrecillas penetraron por los espacios entre las piedras más grandes. De nuevo preguntó el instructor, ¿está lleno?
>
> Algunos comenzaron a dudar y ya no tenían tan clara la respuesta. El ponente extrajo de debajo de la mesa un cubo de arena y comenzó a volcarlo en el frasco. La arena se filtraba entre los pequeños recovecos que había entre las piedras y la gravilla. ¿Está lleno? Preguntó de nuevo. ¡No! Exclamaron la casi totalidad de los asistentes.
>
> De nuevo, cogió una jarra de agua y la vertió sobre el tarro. El frasco aún no rebosaba.
>
> ¿Qué podemos extraer de la experiencia? Un asistente, «fiel alumno», respondió: «No importa lo llena que está tu agenda, si lo intentas, siempre puedes lograr que quepan más tareas».
>
> Con serenidad le respondió el ponente: «Lo que esta experiencia nos demuestra es que si no se colocan las piedras grandes primero, nunca podrás situarlas después».
>
> ¿Cuáles son las piedras importantes de nuestra vida? La familia, los amigos, las personas que quieres o la propia salud en general.
>
> Si no se sitúan en primer lugar, no habrá posibilidad de ubicarlas después. Por el contrario, si se ponen al principio, lo demás encontrará su lugar».

Nos jugamos la vida en el día a día. Los valores se manifiestan en los actos que realizamos. Ya dice el refrán popular que *«obras son amores y no buenas razones»*. ¿Qué es lo que realmente valoramos?

Cuando imparto seminarios a profesionales o miembros de distintas organizaciones suelo plantearles una pregunta:

—¿Qué hacen cuando su coche tiene una avería? ¿Lo arreglan? ¿Se lo dejan a cualquiera? ¿Escatiman gastos?

La casi totalidad contestan que lo llevan a un buen mecánico, al mejor profesional y que sea de confianza.

Al momento, lanzo una nueva cuestión:

—¿Con quién dejan a sus hijos?

Las respuestas suelen ser bastante esclarecedoras para descubrir cuáles son los «focos de interés y atención»:

Algunos afirman que con una joven estudiante o una inmigrante (¡que no cobre mucho!).

Otros acuden a los amigos o a los familiares disponibles (¡pobres abuelos!).

La anécdota sirve para suscitar un diálogo interesante sobre los valores y por consiguiente, las prioridades de cada persona. Es importante ser conscientes de cuáles son nuestras prioridades y de ahí la importancia de aprender a priorizar.

¿Qué es lo importante y urgente? Si hacemos una tabla en la que en el eje de las abscisas ponemos «lo importante» y en el de las ordenadas, «lo urgente», podremos construir un cuadrante en el que se pueden plasmar diversas posibilidades. Ahí es donde tenemos que saber situarnos:

	IMPORTANTE	NO IMPORTANTE
URGENTE	I Tareas importantes y urgentes	II Tareas urgentes pero no importantes
NO URGENTE	III Tareas importantes y no urgentes	IV Tareas no urgentes, ni importantes

- *Cuadrante I: Tareas importantes y urgentes.* Son las que consumen la mayor cantidad de tiempo disponible de muchas personas. Alguien que se acostumbre a funcionar así, difícilmente podrá organizar su vida de manera adecuada y permanentemente irá «a salto de mata», «apagando fuegos» o a remolque de los acontecimientos que surgen en el día a día. La consecuencia es que perderá el sosiego y fácilmente este cuadrante irá «inundando» la vida del sujeto, creando una sensación de «crisis continua» y estrés. Quizás como mecanismo de escape y cierto alivio, se tienda a refugiarse en el cuadrante II, tareas urgentes pero no importantes.

- *Cuadrante II: Tareas urgentes pero no importantes.* Son actividades que fácilmente se pueden delegar. Por ejemplo, puede ser urgente enviar una carta o concertar una cita, pero no necesariamente tiene que hacerlo todo la misma persona. Suele ser el cuadrante apropiado de aquellos que tienen el virus del activismo y cualquier tarea la realizan de manera compulsiva.

- *Cuadrante III: Tareas importantes y no urgentes.* Son las actividades que requieren sosiego para dedicarles el tiempo adecuado. Deberían de ser las que se planeasen con más delicadeza y tendrían que ocupar el mayor tiempo existencial de cada persona. Si se es capaz de no dejarse llevar por los demás cuadrantes, se podrá sacar tiempo para lo esencial e importante y hacer que este cuadrante ocupe el peso prioritario en la vida.

- *Cuadrante IV: Tareas no importantes y no urgentes.* Son las que se deberían evitar. Muchas veces, se usan también como refugio y evasión para no afrontar otro tipo de actividades.

Vivimos atrapados por lo urgente y además lo hacemos importante, sin a veces, tener la capacidad para reposar y poder discernir qué es lo esencial y qué es lo accesorio. Además, según el *Principio de Pareto* el 80% del tiempo se consume en tareas de escasa importancia y productividad, y viceversa, a los asuntos realmente importantes, sólo se le dedica el 20% del tiempo.

He ahí la necesidad de cuestionarse las prioridades y las urgencias que provocan. No olvidemos que como afirmaba Ch. Bixton, *«jamás encontrará tiempo para algo, si desea tiempo, debe hacerlo»*. En el fondo, ¿cuáles son nuestras prioridades? Según un proverbio árabe: *«Quién quiere hacer algo encuentra un medio. Quien no quiere hacer nada encuentra una excusa»*.

Somos víctimas de la prisa y la impaciencia, y lo más penoso es que lo tenemos tan asimilado, que damos por supuesto que es la forma normal de actuar. ¡Casi nos extraña lo contrario! Ver por la ciudad a una persona que ande pausadamente entre el torbellino del «hormigueo» de los demás paseantes, resulta hasta «molesto», ya que parece que está interrumpiendo el ritmo de los demás.

Junto a la epidemia de estrés y al virus de la prisa, abunda también una epidemia de ignorancia y falta de sentido común. Es necesario pararse y pensar si la escala de valores imperantes del «éxito social», dinero, poder y fama se corresponde con lo que consideramos el «éxito personal». Sería lamentable que ambas escalas no fueran a la par. A veces, la experiencia demuestra que el éxito social no va acompañado del éxito personal y el objetivo se supone que no es ser el más rico del cementerio, sino el más feliz en la existencia cotidiana.

Ejercicio 4: ¿Qué valora y prioriza nuestro contexto cultural?

> *«La amistad es lo más necesario para la vida, ya que sin amigos nadie querría vivir, aun cuando poseyese todo lo demás»*
> *(Aristóteles)*

Clasifica rápidamente, sin pensar mucho, las siguientes palabras en alguna de las dos columnas, Positivo o Negativo, según la valoración social que el entorno cultural les da:

Reposo
Jubilación
Ocioso
Actividad
Retiro
Aceleración
Inacción
Desempleado
Ágil
Perder el tiempo
Persona ocupada
Pluriempleo
Velocidad
Rapidez

Inactividad
Progreso
Pasar el tiempo
Movimiento
Lento
Paro

POSITIVO	NEGATIVO
—	—
—	—
—	—
—	—
— ……	—…….

Imagina que tienes la posibilidad de escribir una «Carta a los Reyes Magos», si pudieras, describe tres o cuatro requisitos que desearías tener para conseguir la felicidad:

—
—
—
—

XIII.V. Saborear el presente: *Carpe diem*

> «*Dime cómo tratas el presente, y te diré de qué filosofía eres. Si esterilizas el presente, todo es estéril, todo está vacío. Si mantienes el presente fecundo, sólo entonces podrán procurarse y disponerse todas las otras fecundidades*»
>
> *(Ch. Péguy)*

Resulta sugerente la escena de la película *Perfume de mujer*, en la que el protagonista, un hombre ciego —Al Pacino—, invita a bailar a una mujer joven y ésta responde:

—«*No puedo, porque mi novio va a llegar en unos minutos*».

—Él le replica: —«*Pero en un momento se vive una vida*», y la va conduciendo hacia la pista de baile para iniciar un paso de tango.

Un momento puede ser una eternidad. Un instante se puede convertirse en infinito. Como afirmaba Séneca: *«Piensa que cada día es, por sí solo, una vida»*. ¿Vale la pena postergar ciertos deseos? ¿Por qué no dedicarle más tiempo a la familia o a los amigos? Lo que sí está claro es que el tren de la vida pasa y no tiene retorno. Es decir, los años no vividos con los hijos cuando están en el jardín de infancia, no se pueden recuperar cuando cumplan veinte.

El ser humano tiene la tentación de creerse omnipotente y de que dispone de todo el tiempo del mundo. Se vive con la sensación de que sólo se «mueren los otros». Nadie es eterno, ni imprescindible, y la vida que no se expresa y desarrolla, no se va a recuperar. El poeta Juan Ramón Jiménez ante «el viaje definitivo» expresaba este sentimiento, *«Y yo me iré. Y se quedarán los pájaros cantando»*.

En general, se funciona con el *síndrome de la felicidad aplazada*, y en la práctica se va posponiendo cualquier experiencia gratificante para un hipotético futuro, que finalmente nunca se alcanza[88]. Lamentablemente, muchas personas se pierden las pequeñas alegrías, mientras aguardan la gran felicidad.

He ahí la importancia de vivir el presente, que ya los clásicos lo expresaban como *carpe diem*. Según un proverbio zen: *«el tiempo y la marea no esperan a nadie»*, o como afirmaba J. Lennon, *«la vida es lo que sucede mientras que estamos haciendo proyectos de futuro»*. Un familiar muy querido, mi primo Tino, ha inculcado a sus hijos desde pequeños esta filosofía, que se resume en una frase que la familia tiene incorporada como estilo de vida: *«¿Qué es la felicidad? Este momento»*.

Prestar atención al pasado conduce a la melancolía, así se suele afirmar que la persona depresiva tiene una «temporalidad de pasado». A su vez, obsesionarse por el futuro provoca ansiedad y angustia, ya que el mañana es incierto y no previsible y de ahí que se vivan anticipadamente los posibles problemas que se pudiesen presentar.

Frente al lastre que supone vivir en el ayer, a la «búsqueda de las añoranzas, pérdidas», hay que prestar atención al día a día, al cuidado de los pequeños detalles, al disfrute de cada momento, ya que cada día, de algún modo, contiene una eternidad de posibilidades. Se debe aprender a vivir en el ahora, en el presente y a no desperdiciar los momentos actuales en pensamientos inutilizantes sobre el pasado o el futuro. Schopenhauer lo expresaba con gran sabiduría: *«No podemos caernos nunca del presente, donde todo ocurre»*.

---

88 Se suele emplear el término «procrastinación» para expresar esta realidad de postergar.

En definitiva, lo importante es construir el proyecto personal con la realidad que se tiene entre manos. Nunca en la vida elegimos del todo las cartas que nos dan, pero sí podemos plantear cómo jugarlas. Por mucho que se pretenda, no se puede vivir en otro momento que no sea el presente. Como afirmaba L. Tolstoi, *«El secreto de la felicidad no está en hacer siempre lo que se quiere, sino en querer siempre lo que se hace».*

Ejercicio 5. Imagínese que tiene cien años

> *«Ante el paredón, '¿Y si no muero? ¡Si me conceden la gracia de la vida, esa eternidad! ¡Entonces todo esto me pertenecería! ¡Oh, entonces yo transformaría cada segundo en un siglo, colmaría cada minuto, trataría por todos los medios de no perder un solo instante!*
>
> (F. Dostoievsky)

Imagínese que tiene cien años y está rodeado de familiares: nietos, sobrinos, hijos, etc. Les va a intentar contar la historia de su vida y en especial, sus deseos, todo lo que le hubiera gustado realizar y que no ha sido posible.

El objetivo no es construir una historia ficticia, ni real, sino ponerse en contacto con aquellos deseos que quizás podríamos realizar pero que nos paralizamos por miedos, timidez, falso respeto,»falta de tiempo», «el que dirán», ¿qué van a pensar los demás? ...

Haga su lista:

DESEO ¿Qué me hubiera gustado hacer?	¿Por qué no lo hago?

Tiene la oportunidad de ser el protagonista de su propia historia, ¿qué está dispuesto a llevar a cabo?

—

—

XIII.VI. Saber «perder el tiempo»: Ganar calidad de vida

> «Es el tiempo que has perdido por tu rosa, lo que ha hecho de tu rosa algo tan importante»
>
> (A. Saint-Exúpery)

Ante una situación como la que se vive —el ser humano está inmerso en un contexto pragmático y funcional—, este principio de «perder el tiempo» puede parecer absurdo e inútil. Según el esquema que funciona en la sociedad, «todo tiene que servir para algo y ser rentable». De ahí que la frase de B. Franklin *time is money*, se haya asimilado perfectamente y se lleva con facilidad a la práctica.

Sin embargo, nos urge «perder el tiempo» para ganar calidad en nuestra existencia. Nunca hasta ahora ha existido una sociedad tan rica en lo material y tan menesterosa o pobre en cuestiones de tiempo. Se dispone de más tiempo, pero a su vez, aumenta el número de tareas que hay que realizar. Nuestros deseos crecen con más rapidez que el tiempo que tenemos para satisfacerlos. Se está inmerso en el *Síndrome de Tántalo*: el ser humano dispone de muchos recursos de todo tipo, que no se pueden utilizar y disfrutar por falta de tiempo. En consecuencia, se vive deprisa y corriendo en un intento vano de ganar tiempo al tiempo.

La sabiduría popular suele transmitir el siguiente relato:

> «Unos expertos asesores de empresa viajan a una zona rural para descubrir posibles 'yacimientos de futuros negocios' e intentar suscitarle a los lugareños el espíritu emprendedor. Con este objetivo, se topan con un hombre que estaba plácidamente sentado bajo un árbol vigilando su rebaño de ovejas.
>
> Los asesores ven la ocasión ideal para aplicar todo lo que han ido aprendiendo en el MBA (Máster de Administración de Empresas) que realizaron en una prestigiosa Universidad. Se dirigen al pastor y le proponen lo siguiente:

—¿Tiene usted un plan de negocio? Le explican al hombre que debería optimizar mejor los recursos que posee, ¿qué ovejas le sobran? ¿Cómo vender mejor los corderos? ¿En qué momento comprar? ¿Cómo sacarle valor añadido a sus activos? ...

—¿Para qué? Responde el pastor.

—Para que de esa manera, pudiera invertir más en su negocio y por ejemplo, comprar más ovejas.

—¿Y para qué quiero más ovejas?

—Para poder criar más corderos.

—¿Y para qué quiero más corderos?

—Para tener un rebaño más grande y selecto.

—¿Y para qué quiero un rebaño más grande y selecto?

—Para tener corderos que se puedan posicionar mejor en el mercado.

—¿Y para qué quiero corderos que se vendan mejor?

—Para poder comprar más fincas e instalar corrales con lo cual aumentarán las cabezas de ganado y podrá contratar empleados y equipos informáticos que le permitan realizar todas estas labores y exportar «con calidad», y así tener capital y recursos para poder retirarse y observar sus posesiones tranquilamente bajo un árbol.

—El pastor responde: ¡Acaso no es eso lo que estoy haciendo ahora!»

Es fundamental descansar, relajarse y pararse para poder ser productivo a todos los niveles. Según un proverbio zen, *«una taza es útil por estar vacía»*. En la misma línea, afirmaba Ovidio que *«el campo que descansó, es aquel que da la cosecha más abundante»*.

Si los humanos podemos vivir unas 700.800 horas —80 años— de estas, unas 70.000 las ocupamos trabajando —supongamos una media de 37 horas a la semana, durante 35 años—. De ahí la importancia de prestar atención para sacarle partido a las 630.800 horas restantes.

En esta misma perspectiva coincide un «gurú» del mundo empresarial como era L. Iacocca —ex director general de General Motors:

«A lo largo de estos años, se me han acercado muchas veces altos ejecutivos de la empresa para confesarme con un mal disimulado orgullo: fíjese, el año pasado tuve tal acumulación de trabajo que no pude ni tomarme unas vacaciones.

Al escucharles, siempre pienso lo mismo. No me parece que eso deba ser en absoluto motivo de presunción. Tengo que contenerme para no contestarles:

«¿Serás idiota? Pretendes hacerme creer que puedes asumir la responsabilidad de un proyecto de ochenta millones de dólares si eres incapaz de encontrar dos semanas al año para pasarlas con tu familia y descansar un poco.»

Ejercicio 6. Actividades para desacelerar o perder el tiempo

> *«Dan la impresión de correr en pos de la fortuna, pero lo que hacen no es correr en pos de la fortuna, sino huir de sí mismos»*
> (G. Bernanos)

Según su contexto o situación personal haga una lista de diez actividades que piensa llevar a cabo en las próximas semanas y que le puedan servir como medios para desacelerar o «perder el tiempo».

Sea consciente del «tiempo que pierde» y también de lo que «gana».

Por ejemplo:

Actividad para desacelerar	¿Qué beneficio le aporta?
Conducir por el carril lento, sin prisa y sin adelantar bruscamente	No se irrita, ni se enoja. Observa el paisaje y es consciente del torbellino que hay a su alrededor
Lea pausadamente un libro	Saborea la lectura
Utilice las escaleras	Ejercicio para su corazón

Actividad para desacelerar	¿Qué beneficio le aporta?

XIII.VII. Darle tiempo al tiempo: la creatividad necesita tiempo

> *«Demos tiempo al tiempo:*
> *para que el vaso rebose*
> *hay que llenarlo primero»*
> *(A. Machado)*

A veces, se ha visto como positivo ser ágiles y veloces en cualquier actividad, incluyendo la toma de decisiones. Quizá por las consecuencias negativas de la puesta en práctica de dicho principio, en la actualidad se empieza a cuestionar tal planteamiento. Lo fundamental es realizar bien las tareas y dedicarles su tiempo. Como afirmaba F. Nietzsche, *«los grandes acontecimientos no corresponden a nuestros momentos bulliciosos, sino a nuestros momentos de tranquilidad»*.

Desde Descartes, en nuestro contexto cultural se ha presentado la razón como única forma válida de conocimiento y de ahí que se haya ensalzado el conocimiento racional. ¿Es la lógica la única manera de conocimiento? Desde distintas disciplinas se comienza a replantear tal presupuesto. Por ejemplo, D. Goleman apuesta por el Cociente Emocional (CE) frente al clásico Cociente Intelectual (C.I.)[89], o A. Damasio destapa lo que denomina «el error de Descartes» e investiga sobre el cerebro emocional[90].

En la misma perspectiva, G. Claxton en su libro *Cerebro de liebre, mente de tortuga*[91], describe diversos tipos de conocimiento. Para este autor, la mente posee tres velocidades distintas de procesamiento:

- La primera es más rápida que el pensamiento. Algunas situaciones requieren una reacción automática e instantánea. Por ejemplo, en un accidente o cuando tenemos que salir de un peligro inminente. Esta modalidad de inteligencia, rápida, es descrita como *el ingenio*.

- La segunda se refiere al pensamiento propiamente dicho. Es el tipo de pensamiento que conlleva resolver asuntos, sopesar pros y contras, interpretar datos, construir razonamientos y solucionar problemas. Es la forma de pensamiento que se basa en la razón y la lógica, es decir, en el pensamiento consciente e intencional. En general, a este

---

[89] Cfr. GOLEMAN, D. (1996). *Inteligencia emocional*. Barcelona: Kairós.

[90] DAMASIO, A. (1994). *El error de Descartes*. Barcelona: Crítica.

[91] Cfr. CLAXTON, G. (1997). *Cerebro de liebre, mente de tortuga*. Barcelona: Ediciones Urano.

tipo de inteligencia se le denomina *intelecto*. El profesor G. Claxton la denomina *modalidad-d* y «d» significa «deliberada».

- La tercera se centra en un pensamiento más lento. A menudo carece de un propósito explícitamente definido y se asocia más a lo ocioso, a lo lúdico, a la ensoñación. Este tipo de pensamiento implica darle vueltas a los asuntos, «rumiarlos», ser contemplativos y usar la meditación. Se trata más de ponderar un problema que de intentar solucionarlo. Sin embargo, esta forma de pensamiento aparentemente desprovista de finalidad es tan «inteligente» como las otras más rápidas. Este tercer tipo de pensamiento se asocia a lo que identificamos como *creatividad* o incluso *la sabiduría*.

Así, el pensamiento deliberado —«la modalidad d»— funciona bien cuando el problema que aborda puede ser fácilmente conceptualizado. La «modalidad d» o pensamiento racional es aquel que trabaja con conceptos y racionalizaciones. Busca aplicar reglas lógicas y principios. Prefiere la claridad y aprecia las explicaciones razonables. Esta modalidad opera con una sensación de impaciencia y urgencia y está más interesada en hallar respuestas y soluciones que en examinar los problemas.

Ahora bien, cuando no se está seguro de qué es lo que hay que tener en cuenta o incluso qué preguntas plantear, o cuando la cuestión es tan sutil que no se deja capturar en las categorías habituales del pensamiento consciente, se ha de dejar a una lado la «inteligencia de la liebre» y hemos de recurrir a la «mentalidad de la tortuga marina»[92].

La experiencia demuestra que la creatividad necesita tiempo. Muchas veces, la inspiración surge cuando enfocamos las cosas desde otro ángulo y prestamos atención a la intuición. La modalidad más lenta de pensamiento no se basa en la comprensión consciente y verbalizada de conceptos, sino en la intuición, la cual opera con imágenes. Estas formas más lentas de pensamiento aceptan informaciones vagas, se detienen en los detalles que no encajan, son formas de pensamiento relajadas, ociosas y lúdicas, dispuestas a explorar sin saber con qué van a encontrarse. Aceptan la confusión como un terreno del que puede brotar la comprensión. Por ello, son especialmente adecuadas para abordar problemas complejos y sutiles. En esta línea, afirmaba B. Gracián que *«los sabios suelen pecar de lentos, pues una mirada atenta obliga a detenerse»*.

---

[92] CLAXTON, G. (1997). *Cerebro de liebre, mente de tortuga*. Barcelona: Ediciones Urano, pp. 17-18.

He ahí «la sabiduría de la tortuga», un modo de conocimiento lento y difícilmente expresable en palabras, pero capaz de moverse en la incertidumbre y en la paradoja, cuando las variables son tantas y los datos tan inseguros que el pensamiento lógico de la liebre —amante de la certeza— resulta inútil. Como afirma G. Claxton:

> «*A medida que estas investigaciones vayan cobrando un mayor impulso, es de esperar que vayan filtrándose cada vez más en la cultura, y que animen a educadores, ejecutivos y políticos a emplear unas herramientas mentales más en consonancia con las tareas que tienen encomendadas. El cerebro de la liebre ya ha hecho lo que tenía que hacer. Ahora es el momento de que la mentalidad de la tortuga haga lo que le corresponde*»[93].

Precisamente, estamos en una sociedad que no tiene tiempo y que sólo refuerza y premia a aquellas formas de pensamiento que sirven para alcanzar conocimientos inmediatos, rápidos y veloces. Sin embargo, para desarrollar el pensamiento lento, se necesita intuición, tranquilidad, y sobre todo, tiempo.

Ejercicio 7. Pruebas de pensamiento lógico:
Romper el esquema tradicional de pensamiento[94]

> «*Los problemas significativos que afrontamos no pueden solucionarse en el mismo nivel de pensamiento en el que estábamos cuando los creamos*»»
>
> *(A. Einstein)*

Intenta darle una respuesta a los problemas que te plantean los ejercicios siguientes:

1. ¿Qué secuencia lógica sigue esta serie de números?

8, 11, 4, 14, 2, 10, 3, 13, 7, 6

---

93 CLAXTON,G. (1997). *Cerebro de liebre, mente de tortuga*. Barcelona: Ediciones Urano, p. 296.
94 Cfr. TRECHERA, J.L. (2003). *Trabajar en equipo: talento y talante*. Bilbao: Desclée de Brouwer.

2. ¿Qué secuencia lógica sigue esta serie de letras?

U, D, T, C, C, S, S, O, N, D

3. ¿Cuántos cuadrados hay en la siguiente figura?

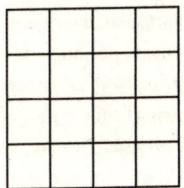

4. Sin levantar el lápiz del papel, trate de unir con cuatro líneas rectas todos los puntos. No se puede volver sobre la misma línea.

· · ·

· · ·

· · ·

Solución

1. ¿Por qué la secuencia lógica tiene que ser numérica? Solución: las iniciales de los números: o-o (ocho, once); c-c; d-d; t-t; s-s.
2. ¿Por qué la secuencia lógica tiene que ser alfabética? Solución: iniciales de las letras: uno; dos; tres; cuatro; cinco; seis; siete; ocho; nueve; diez.
3. 30 cuadrados.
4.

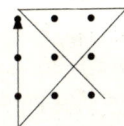

No hay ninguna regla que impida el salirse de los puntos. Si no rompemos esa regla que damos por supuesta, difícilmente se podrá realizar el ejercicio.

XIII.VIII. Saber simplificar: soltar lastre

> «Que el equipaje no lastre tus alas....»
> (J. Sabina)

A veces, el ser humano lleva tanto peso y va tan cargado que casi no puede avanzar. Somos grandes acaparadores. Quizá influidos por nuestro pasado, no tan lejano, intentamos acumular reservas en tiempo de bonanza con el objetivo de poder consumirlas en periodos de escasez.

Sin embargo, para poder avanzar es necesario ir dejando lastre tanto físico como psicológico. Desde el punto de vista físico, se puede presentar *el aburrimiento del saciado*, el sujeto ya lo tiene «todo» y por tanto, no valora nada, y sólo lo que le mantiene activo es la pura novedad hasta que logra conseguir un nuevo objeto anhelado. Al mismo tiempo, la excesiva acumulación puede volverse contra el individuo y le puede impedir gozar y disfrutar de sus posesiones. Nuestra voracidad es tal que podemos llegar a inutilizarnos y de manera similar al *Síndrome de Diógenes*, hacinar múltiples utensilios que no utilizamos y que nos quitan espacio e impiden incluso llevar una existencia con calidad.

A su vez, nos invade el exceso de equipaje «psicológico». Nos paraliza y bloquean miedos, culpas, frustraciones, fracasos, etc. El enemigo se tiene dentro y pasa factura castigando excesivamente. A lo largo de la vida, el ser humano se va cargando de emociones negativas y cuesta aprender a superar las adversidades. Afirmaba W. Churchill que *«los hombres tropiezan con la verdad de vez en cuando pero la mayoría se levanta como si nada hubiera pasado»*.

He aquí algunos de esos *lastres psicológicos*:

- La *tiranía de los debería*. Se convierten en un grupo de pensamientos y sentimientos irracionales que permanentemente «obligan» al sujeto a su ejecución. Al final, su no realización provoca un sentimiento de fracaso o frustración. A. Ellis calificó a este tipo de pensamientos como *musterbation*[95].

- La historia de *resentimientos y experiencias pasadas*. Determinados episodios vividos hace años pueden seguir activos en el presente y dirigir los comportamientos actuales. Muchas personas están

---

[95] *Must*, es un término inglés que se puede traducir por «tener que, debería de». Se podría entender como una «perturbación del deber».

«hipotecadas» por experiencias de antaño y lamentablemente, siguen pagando fuertes intereses en el presente.

- El cúmulo de *miedos* que nos «preocupan» pero que impiden que nos «ocupemos». Por mucho que nos agobiemos si no afrontamos los problemas, no se van a solucionar. Según la primera ley de Emmett: *«El temor a realizar una tarea consume más tiempo y energía que hacer la tarea en sí»*[96].

En la práctica, se suele confirmar que de aquello de lo que nos preocupamos:

– El 40% no llega a suceder nunca.
– El 30% ha «ocurrido» ya, por lo que no tiene sentido preocuparse. Se refiere a decisiones anteriores y ya no pueden cambiarse.
– El 12% se relaciona con problemas de salud y curiosamente, «empeora» si nos preocupamos.
– El 10% se refieren a preocupaciones diversas, por ejemplo, comentarios o críticas realizadas desde fuera, y cuyos efectos se anulan entre sí, unos dicen unas cosas y otros, otras.
– El 8% son preocupaciones legítimas y merecen nuestra atención. Las anteriores son un desgaste que no aportan nada.

De ahí que sea necesario que surja el impulso de hacer limpieza en el entorno material y en el interior psicológico. Hay que sembrar la vida con nuevos sueños e ilusiones: preparar el terreno y regar cada día la tierra. Es importante, volver a lo esencial e ir «ligero de equipaje» para poder caminar.

Ejercicio 8. Escala para evaluarse y «soltar lastre»

> *«He vivido una vida muy larga y he tenido muchos problemas, la mayoría de los cuales nunca ocurrieron»*
>
> (M. Twain)

1. Imagínese que tiene que realizar un traslado de residencia, realice una lista de aquellos objetos o utensilios que no ha utilizado hace años; ¿se podría soltar lastre?

---

96 Cfr. EMMETT, R. (2002). *¡Hágalo ya! Manual del postergador*. Madrid: Anaya.

2. Revise su agenda: actividades, rutinas, citas… ¿Se podría simplificar?

3. Preste atención a sus «debería». Intente ser consciente de sus creencias o «dogmas psicológicos». Exponemos algunos a continuación:

- *Necesito la aprobación de todo el mundo.*
- *Tengo que agradar y caer bien a todas las personas importantes de mi entorno.*
- *Necesito ser amado por todos.*
- *Debo triunfar y tener éxito en las actividades que emprenda.*
- *No tengo derecho a ser feliz y disfrutar de la vida.*
- *Mi pasado es un lastre que me condiciona.*
- *Me siento inútil e incapaz de afrontar las dificultades de la existencia.*
- *No debo comprometerme con nadie ya que más tarde o más temprano me harán daño.*
- *No debo expresar mis sentimientos. Sacar fuera las emociones es de cobardes o refleja un comportamiento infantil.*
- *No debo fiarme de nadie. La gente es mala por naturaleza.*
- *No debo implicarme en nada, qué sentido tiene si voy a fracasar.*

¿En qué medida se siente identificado? ¿Cuáles se dan más en su situación personal? ¿Qué podría realizar para eliminarlos?

4. Sea consciente de sus «miedos». Haga una lista. Por ejemplo:

- *Miedo a ser abandonado.*
- *Miedo a perder al otro.*
- *Miedo a ser anulado, perder mis límites.*
- *Miedo al fracaso.*
- *Miedo al ridículo.*
- *Miedo a no estar a la altura.*
- *Miedo a la dependencia.*
- *Miedo a que me hagan daño.*
- *Miedo a que me conozcan.*
- *Miedo a la soledad.*
- *Miedo a no ser feliz.*
- *Miedo a la enfermedad.*
- *Miedo a la muerte…*

¿Por qué le atan? ¿Qué le están impidiendo realizar?

XIII.IX. Saber ser paciente y perseverante: ser proactivo y no reactivo

> «*La gota de agua no horada la piedra por su fuerza sino por su constancia*»
>
> *(Ovidio)*

El término paciencia procede etimológicamente del latín «*patientia*», «*pacere*» que significaba «apacentar» o «apaciguar». En el Diccionario de la Lengua Española se presentan varias definiciones entre las que destacamos las siguientes: la capacidad de soportar o padecer algo sin alterarse; la capacidad para hacer cosas pesadas o minuciosas y la lentitud para hacer algo.

Los diferentes significados insisten en la idea de «aguante» y «constancia» que podíamos resaltar hoy en día frente a la impaciencia y urgencia que caracteriza a la actual cultura de la prisa. La impaciencia crea urgencias que se convierten en dictaduras innecesarias y provocan tensión y agobio. El ser humano se asemeja al personaje de la historia que se suele contar en tono de humor:

> «Alguien llama por teléfono a un bar y pregunta por un tal Rafa para que vaya a urgencias, ya que su mujer ha tenido un accidente y está ingresada grave en el hospital. Al momento, uno de los que estaban en el bar sale a toda velocidad, y se monta en una bicicleta que había en la puerta. A los pocos metros choca con una farola y se cae al suelo. He aquí lo que comenta: "Me está bien empleado, porque ni me llamo Rafa, ni estoy casado, ni sé montar en bicicleta"».

Si se fuese menos hiperactivo y se potenciara la calma y el sosiego, seguro que se pensarían más los temas y se evitarían muchos golpes y caídas. En general, se va a gran velocidad y muchas veces, con la dirección equivocada. Nos parecemos al campesino del cuento de Mongolia, que está agarrado a las crines de un caballo desbocado: «*¿A dónde vas?*», le preguntan. Y responde: «*Preguntádselo a mi caballo*»…

La virtud de la paciencia posibilita que la persona tome las riendas de su vida, que se planifique y actúe de manera constante. Durante años impera la dictadura del reloj. Hay que organizar y administrar el tiempo con el objetivo de aprovecharlo al máximo. Lo fundamental no es la administración del tiempo sino su dominio. La gestión o administración del tiempo tiene como objetivo «ganar una hora diaria» o «hacer más cosas en la misma jornada». Dominar el tiempo significa disponer de él para vivir mejor y no sólo para ganar tiempo. Ser dueño del tiempo conlleva planificar y actuar en consecuencia.

Ya desde la tradición clásica se entendía que no era paciente quien se resignaba pasivamente al azar, sino quien ante la presencia de dificultades por alcanzar la meta deseada, no se dejaba arrastrar por un desordenado estado de tristeza que le impidiese ponerse en marcha. A través de la paciencia, la persona se «posee» a sí misma y proyecta su vida.

Es importante ser *proactivo* y no sólo reactivo. Es fundamental organizarse y prever las situaciones. No podemos estar permanentemente respondiendo a lo que se presenta, a las prisas que se convierten en «ladrones de tiempo» que vapulean al sujeto con los continuos problemas de cada día.

Al mismo tiempo hay que aprender a *decir no y poner límites*. Se vive en la cultura del «puro deseo insaciable, insatisfecho e inmediato». El individuo se cree con derecho a todo y con su disponibilidad al momento. Hay una gran imposibilidad para asumir que madurar significa planificar, plantearse objetivos y poner los medios para conseguirlos poco a poco. Se está inmerso en una sociedad «adolescente» en la que se evita el compromiso y el sacrificio, todo tiene que ser fácil de conseguir; en la que se potencia el «victimismo», si todos son víctimas no se les puede exigir ninguna responsabilidad; y en la que no hay cabida para los proyectos a medio o largo plazo, todo tiene que estar al instante.

Frente a esta cultura de irresponsabilidad y de falta de proyecto, el ejemplo de la tortuga nos puede recordar la importancia de la valoración de lo esencial y en consecuencia, paso a paso, a su ritmo y tiempo, con perseverancia dirigirse hacia el objetivo anhelado.

Ya una clásica investigación psicológica incidía en esta experiencia. A preescolares de cuatro años de edad, el maestro les planteaba un sencillo dilema:

«En este momento debo marcharme, si bien regresaré pronto, dentro de veinte minutos. Si queréis podéis comeros esta golosina, pero si esperáis a que vuelva, os daré dos».

La propuesta era un gran desafío para los niños: la lucha entre su impulso interior y el deseo de contenerse para obtener un objetivo mejor. Lo interesante de la investigación es que estudiados los niños a los doce años de realizado el experimento, se pudo comprobar que aquellos que en su infancia habían logrado resistir la tentación eran respecto a los que habían sucumbido, notablemente más emprendedores, equilibrados, menos proclives a desmoralizarse, resistían mejor la frustración y eran más decididos y constantes. He ahí la importancia del autocontrol emocional, el saber desarrollar la paciencia, plantearse objetivos y ser constante en la aplicación de los medios.

En esta línea, resulta sugerente la oración de la serenidad de Alcohólicos Anónimos:

> *«Dame fuerzas para cambiar lo que pueda cambiar.*
> *Fuerzas para aceptar lo que no pueda cambiar,*
> *y sentido común para captar la diferencia»*

Hay variables que dependen del sujeto y es éste el único que puede posibilitar su cambio. Diversas circunstancias tienen su origen y causa en otras personas o en el exterior, sobre ellas quizás no se pueda hacer directamente nada. He ahí la importancia de tener sentido común para saber captar la diferencia y poner los medios para realizar aquello de lo que somos responsables y no excusarnos en querer solucionar lo que no está a nuestro alcance.

La tradicional fábula de la liebre y la tortuga de Esopo nos demuestra cómo la paciencia y la constancia hacen posible el éxito de la tortuga, frente a la aparente victoria ya dada por supuesto de antemano por la liebre. Como concluía la moraleja de la historia: *«El éxito se obtiene con constancia y paciencia, aunque parezcamos lentos».*

Ejercicio 9. El observador «safari»: *mirar para cambiar*

> *«La genialidad es tan sólo el uno por ciento de inspiración y un noventa y nueve por ciento de transpiración»*
>
> (Th. Edison)

Imagínate que eres alguien ajeno a ti mismo y estás en un viaje y observas la realidad que hay a tu alrededor. Esa realidad es la tuya personal, tu estilo de vida, trabajo, familia, contexto, etc.

- ¿Qué observas? ¿Cómo describirías lo que sucede? ¿Qué sensación te queda?

- ¿Qué te llama la atención?

- ¿Qué ladrones de tiempo ves?

- ¿Qué le aconsejarías al sujeto observado para cambiar y mejorar?

XIII.X. Saber vivir: ser positivo y tener sentido del humor

> *«No es el ambiente en el que vivís el que os salva u os condena, sino el modo de vivir. Adán se perdió en el paraíso, Lot se salvó en Sodoma»*
> (Autor del s. IV en Constantinopla)

Nos guste más o menos, una cosa es clara: la vida es la posibilidad que tenemos para construir nuestra existencia. A veces, estamos tan inmersos en diversas «preocupaciones» que nos olvidamos de lo esencial: de vivir. Como afirma V. Frankl tras pasar por la terrible experiencia de los campos de concentración nazis: *«El interés principal del hombre no es tanto encontrar el placer o evitar el dolor, sino encontrarle un sentido a la vida».*

La misma disciplina psicológica en muchos momentos se ha centrado tanto en lo patológico que ha dejado a un lado lo prioritario y esencial: el desarrollar una vida normal y con sentido positivo. En general, cuando se le aconseja a alguien que acuda a un psicólogo, es fácil encontrar como respuesta: «Yo no estoy loco». Lamentablemente, la Psicología se ha unido tradicionalmente a traumas, trastornos y alteraciones de la mente. Desde que surgió la Psicología moderna, más o menos hace cien años, la definición de salud mental se ha asociado a «la reducción de problemas o trastornos neuropsiquiátricos». Hace tan sólo unos años, el 90% de los artículos científicos sobre Psicología se centraban en problemas tales como la angustia, la ansiedad o la depresión. De ahí, que algunos autores hayan llegado a definir a la Psicología como «la ciencia de la victimología»[97].

Frente a esa Psicología negativa, en los últimos años se apuesta por un nuevo enfoque, la «Psicología positiva» que tiene en cuenta a la persona en su perspectiva de crecimiento, y desarrollo. La nueva disciplina estudia variables como las emociones positivas, el sentido de la existencia y la búsqueda de la felicidad. Ahora, lo que se pretende es ayudar a la gente normal a ser más feliz y no sólo pretender que los pacientes enfermos sean menos enfermos.

---

[97] Cfr. SELIGMAN,M. & CSIKSZENTMIHALYI,M. (2000). Positive Pshicology: An introduction. *American Psychologist*, 55 (1), 5-14.

Como en muchas otras experiencias, la vida es la que termina triunfando. M. Seligman cuenta cómo fue su hija la que le hizo cuestionarse sobre su estilo de vida. La escena pudo desarrollarse en los siguientes términos:

> «Padre e hija estaban limpiando el jardín, y la pequeña se dedicaba a lanzar las malas hierbas al aire, mientras cantaba y bailaba. Educado en el trabajo preciso y metódico, el profesor regañó a su hija alzando la voz. Ésta se fue llorando. Sin embargo, volvió pasados unos minutos y le dijo:
> —«Papá, ¿te acuerdas de cómo me pasaba el día llorando cuando tenía cuatro años? Pues al cumplir los cinco, decidí dejar de hacerlo. Si yo puedo dejar de lloriquear, estoy segura de que tú también puedes dejar de refunfuñar todo el rato»

M. Seligman se dio cuenta de la importancia de no centrarse sólo en los problemas, sino que hay que acostumbrarse a percibir todo lo que hay de positivo en la vida y apostó por dedicarse desde su labor como investigador psicológico a ofrecer herramientas para poder vivir de manera más satisfactoria[98].

El ser humano se está viendo en un callejón sin salida. Dada la «estrechez» en que se mueve —urgencias, prisas, más medios y menos tiempo, etc.—, más que vivir, «mal vive» o se «desvive». En el fondo, se asemeja al ratón de la «pequeña fábula» de Kafka:

> «¡Vaya! —dijo el ratón—, el mundo se está haciendo cada día más pequeño. Al comienzo era tan grande que estaba asustado. Me pasaba el tiempo corriendo de un lado a otro, y me alegraba cuando, al final, veía una pared a la derecha o a la izquierda. Pero las grandes paredes se han ido estrechando con tanta rapidez que ya me encuentro en el último cuarto, en el que veo en un rincón la trampa hacia la que no tengo más remedio que correr. No tienes más que cambiar la dirección —dijo el gato. Y se lo comió».

¿No hay que prestarle atención a la vida? ¿No nos hemos olvidado de lo que es esencial y verdaderamente importante? Sin saber vivir, lo demás sobra. He ahí la importancia de desarrollar variables que puedan facilitar una mayor satisfacción y felicidad. Apuntamos algunas:

---

98 Cfr. SELIGMAN, M. (2005). *La auténtica felicidad*. Barcelona: Ediciones B.

- *Optimismo*

> «La medida de la salud mental es la predisposición de hallar lo bueno en todas partes»
>
> (R. Emerson)

El optimismo es la actitud positiva que apuesta por confiar en las capacidades y talentos propios junto a la colaboración con el entorno. A través del optimismo, la persona se centra en ver posibilidades y soluciones. Hay que tener claro *«que el problema no es el problema, sino la solución que le demos»*. El pesimista se «preocupa», mientras que el optimista se «ocupa» y busca alternativas[99].

- *Resiliencia*

> «Si no aprendemos de la historia, nos vemos obligado a repetirla. Cierto, pero si no prevemos el futuro, nos vemos obligados a soportarlo. Y eso podría ser peor»
>
> (A. Toffler)

Es importante resaltar que no estamos condicionados por el pasado. La actitud resilente hace que el sujeto pueda proyectarse en un futuro a pesar de condiciones de vida difícil o traumas y de los acontecimientos desestabilizadores anteriores. El ser humano tiene capacidad de adaptarse, de encontrar sentido y de apostar por el crecimiento personal ante experiencias traumáticas[100].

Más que como una «página en blanco», se podría definir al ser humano como un *«palimpsesto»*, una tablilla antigua que conserva huellas de grabaciones anteriores y sobre la cual podemos seguir escribiendo. Cuando empezamos a tener conciencia sobre lo que somos, nos damos cuenta de que otros, —padres, educadores, sociedad etc..—, han escrito las primeras páginas pero he ahí nuestra responsabilidad para seguir siendo el autor y protagonista principal de la historia de nuestra vida[101].

---

99 Cfr. ROJAS, L. (2005). *La fuerza del optimismo.* Madrid: Aguilar.

100 Cfr. CYRULNIK, B. (2002). *Los patitos feos.* Barcelona: Gedisa.

101 Cfr. TRECHERA, J.L (2005). *Agujeros negros de la mente. Claves de salud psíquica.* Bilbao: Desclée de Brouwer.

- *Flow (Fluir)*

> «Todo fluye. Todo cambia. Nada permanece»
> (Heráclito)

Término acuñado por M. Csikzentmihalyi[102] por el que se refiere al estado en que la persona se percibe implicada en la realización de una actividad por su propio placer y disfrute. En esa situación se pierde la noción del tiempo y sus acciones, pensamientos y movimientos se suceden uno tras otro de manera fluida. El tiempo vuela y el sujeto experimenta un enorme placer y satisfacción plena.

- *Creatividad*

> «En los momentos de crisis la imaginación es más efectiva que el intelecto»
> (A. Einstein)

Etimológicamente el término creatividad proviene del latin *«creare»* y está emparentado con *«crecere»*, de ahí que la creatividad tenga el significado de «crear de la nada». Es la capacidad de crear, producir, elaborar conclusiones nuevas y valiosas o resolver problemas de forma original. En definitiva, es apostar por el desarrollo y la búsqueda de nuevas alternativas[103].

- *Gratitud responsable*

> «Decir hola a la vida en todas las circunstancias, pase lo que pase»
> (V. Frankl)

El dicho popular afirma que «es de bien nacidos, ser agradecidos». La alegría por la dicha de vivir debe contagiarse y repercutir en los demás. La actitud de agradecimiento nos responsabiliza con el entorno. La vida se nos da gratuitamente, debemos cuidarla y entregarla con delicadeza y cariño.

---

102 Cfr. CSIKZENTMIHAYLI, M. (1998). *Aprender a fluir*. Barcelona: Kairós. CSIKZENTMIHAYLI, M. (1998). *Experiencia óptima. Estudios psicológicos del flujo en la conciencia*. Bilbao: Desclée de Brouwer.

103 Cfr. DE BONO, E. (2004). *Un sombrero para su mente: alcance el éxito mediante el pensamiento creativo*. Barcelona: Empresa activa.

Cuando los maestros budistas hablan de la vida suelen centrarse en tres aspectos:

- Percatarse de que uno está vivo. Ser consciente de la vida.
- Agradecer que, si vivimos, es porque estamos siendo vivificados por una vida que nos desborda.
- Vivificarnos mutuamente. Dar vida a los demás[104].

- *Sentido del humor*

> «Bienaventurados los que se ríen de sí mismos porque nunca les faltará motivo del que reírse»
>
> *(A. Rodríguez Idígoras)*

Una de las emociones que nos distingue a la especie humana es el sentido del humor y la expresión de la risa, aunque parezca que muchos la hayan perdido. El humor es consustancial al ser humano y tiene un gran efecto terapéutico. No sólo ayuda a los otros sino que revierte sobre uno mismo.

El humor nos invita a relativizar y a valorar lo esencial: la vida que tenemos por delante. A ver lo positivo, incluso en aquello que de partida se puede plantear como inconveniente. Nos ayuda a «hacer limonadas con los amargos limones de la vida»[105].

Ejercicio 10. Escala de evaluación personal

> «La vida es una tragedia si se contempla de cerca, pero una comedia si se contempla desde cierta distancia y en un plano general de conjunto»
>
> *(Ch. Chaplin)*

Sitúese en el número que mejor refleje su experiencia actual. Cada sujeto es distinto y no hay una puntuación mejor que otra. Lo fundamental es reflejar la situación de cada persona:

---

104 Cfr. MASIA, J. (2004). *La gratitud responsable. Vida, sabiduría y ética*. Madrid: Universidad Pontificia Comillas.

105 Cfr. RODRÍGUEZ IDÍGORAS, A. (Ed.) (2002). *El valor terapéutico del humor*. Bilbao: Desclée de Brouwer.

1. ¿Cómo me siento conmigo mismo?   Insatisfecho 1 2 3 4 5 6 7 8 9 10 Satisfecho
2. ¿Cómo me siento acerca de lo que he conseguido en la vida?   Insatisfecho 1 2 3 4 5 6 7 8 9 10 Satisfecho
3. ¿Cómo me siento respecto a mi estilo de vida?   Insatisfecho 1 2 3 4 5 6 7 8 9 10 Satisfecho
4. ¿Cómo me siento acerca del control de mis miedos y preocupaciones?   Insatisfecho 1 2 3 4 5 6 7 8 9 10 Satisfecho
5. ¿Cómo me siento acerca de mis relaciones con los demás?   Insatisfecho 1 2 3 4 5 6 7 8 9 10 Satisfecho
6. ¿Cómo me siento en cuanto al tiempo que dedico a los seres queridos?   Insatisfecho 1 2 3 4 5 6 7 8 9 10 Satisfecho
7. ¿Cómo me siento en cuanto al sentido de mi vida?   Insatisfecho 1 2 3 4 5 6 7 8 9 10 Satisfecho
8. ¿Cómo me siento respecto a mis logros y posesiones materiales?   Insatisfecho 1 2 3 4 5 6 7 8 9 10 Satisfecho
9. ¿Cómo me siento en relación con mi implicación social?   Insatisfecho 1 2 3 4 5 6 7 8 9 10 Satisfecho
10. ¿Cómo me siento acerca de mi actividad laboral?   Insatisfecho 1 2 3 4 5 6 7 8 9 10 Satisfecho

Una los diferentes números elegidos y le saldrá una gráfica. Si además suma las puntuaciones y las divide por 10, tendrá una media de insatisfacción (puntuaciones más bajas) o satisfacción (puntuaciones más altas).

a) ¿Cómo se siente ante el resultado? Coméntelo a alguien cercano que le conozca. ¿Coincide? ¿Hay diferencias?

b) ¿Qué le gustaría cambiar?

c) ¿Qué puede hacer para posibilitar una vida con más sentido? Convéncete de algo fundamental: *«SI NO ES AHORA, ¿CUÁNDO? ¡TÚ ERES EL PROTAGONISTA!»*

BIBLIOGRAFÍA

ALONSO-FERNÁNDEZ, A. (2003). *Las nuevas adicciones.* Madrid, TEA Ediciones.
ALIAGA, Ch. (2006). *Howisthetimeofwomenandmendistributedin Europe.* European Communities. http://epp.eurostat.ec.europa.eu/cache/ITY_OFFPUB/KS-NK-06-004/EN/KS-NK-06-004-EN.PDF
ARIZA, J.A. (2002). *El reto del equilibrio: vida personal y profesional.* Bilbao: Desclée de Brouwer.
BELL, D. (1976). *El advenimiento de la sociedad postindustrial.* Madrid: Alianza Editorial.
BRZEZINSKI, Z. (1970). *La era tecnotrónica.* Buenos Aires: Paidós.
CASTELLS, M. (2001). *La era de la información. Vol.1: La sociedad red.* Madrid: Alianza Editorial.
CASTELLS, M.-HIMANEN, P. (2002). *Estado del bienestar y sociedad de la información: el modelo finlandés.* Madrid: Alianza Editorial.
CLAXTON,G. (1997). *Cerebro de liebre, mente de tortuga.* Barcelona: Ediciones Urano.
COMISIÓN EUROPEA. *Guía sobre el estrés relacionado con el trabajo.* Luxemburgo: Oficina de Publicaciones Oficiales de las Comunidades Europeas, 2002. http://europa.eu.int
CROSBY,A.W.(1997). *The measure of Reality: Quantification and Western Society, 1250-1600.* New York: Cambridge University Press.
CSIKZENTMIHAYLI, M. (1998). *Aprender a fluir.* Barcelona: Kairós.
CSIKZENTMIHAYLI, M. (1998). *Experiencia óptima. Estudios psicológicos del flujo en la conciencia.* Bilbao: Desclée de Brouwer.
CRUZADO, M.-VELASCO, A. (2005). *¿Vives o trabajas?* Madrid: LID.
CYRULNIK, B. (2002). *Los patitos feos.* Barcelona: Gedisa.
DAMASIO, A. (1994). *El error de Descartes.* Barcelona: Crítica.
DE BONO, E. (2004). *Un sombrero para su mente: alcance el éxito mediante el pensamiento creativo.* Barcelona: Empresa activa.
DRÖSCHER, V. (1980). *Sobrevivir. La gran lección del reino animal.* Barcelona: Planeta.
ELLIOT, G.- EISDORFER, C. (Eds.). (1982). *Stress and human health.* New York: Springer Berlag.
ELLIS, A.-HARPER, R. (1961). *A guide to racional living.* North Hollywood: Wilshire Books.
EMMETT, R. (2002). *¡Hágalo ya! Manual del postergador.* Madrid: Anaya.
FREUDENBERGER, H. (1974). Staff Burnout. *Journal of Social Signes,* 30, 159-165.
GIL-MONTE, P. (2003). Burnout síndrome: ¿síndrome de quemarse por el trabajo, desgaste professional, estrés laboral o enfermedad de Tomás? *Revista de Psicología del Trabajo y de las Organizaciones,* vol. 19, nº 2, pp. 181-197.
GOLEMAN,D.(1996). *Inteligencia emocional.* Barcelona: Kairós.
HANDY,Ch. (1986). *El futuro del trabajo humano.* Barcelona: Ariel.
HIMANEN, P. (2002). *La ética del hacker y el espíritu de la era de la información.* Barcelona: Destino.

HOLMES, T- RAHE, R. The social readjustement rating scale. *Journal Psychosomatic Research*, 11, 1967, pp. 213-218.
HONORÉ, C. (2005). *Elogio de la lentitud*. Barcelona: RBA libros.
JAMES, E. (2003). *Simplifica tu vida*. Barcelona: RBA libros.
KALS, S. (1978). Epidemilogical contributions to the study of stress. COOPER, C.-PAYNE,R. (Eds.). *Stress at work*. New York: Wiley, pp. 3-48.
KOTTAK,C. (2003). *Antropología cultural*. Madrid: McGraw-Hill.
LAZARUS, R.- FOLKMAN, S. (1984). *Stress, appraisal, and doping*. New York: Springer.
McLUHAN, M-POWERS, B. (1990). *La aldea global*. Barcelona: Gedisa.
MAIER, C. (2004). *Buenos días, pereza: estrategias para sobrevivir en el trabajo*. Barcelona: Península.
MASIA, J. (2004). *La gratitud responsable. Vida, sabiduría y ética*. Madrid: Universidad Pontificia Comillas.
MASLACH, C. (1982). *Burnout: the cost o f caring*. Englewood Cliffs, NJ: Prentice-Hall.
MARCOS, J.R. (2004). *Cambios en el uso de tiempo en la C.A. de Euskadi 1993-2003*. XIII JECAS, 2, 3 y 4 de Junio, Toledo.
MARINA, J.A.- DE LA VÁLGOMA, Mª. (2005). *La magia de leer*. Barcelona: Plaza & Janés.
MCGRATH, J. (1970). Social and psychological factors in stress. New York: Holt.
MUNFORD,L. (1972). *Técnica y civilización*. Madrid: Alianza Editorial.
NEGROPONTE, N. (1995). *El mundo digital*. Barcelona: Ediciones B.
OATES, W.E. (1971). *Confessions of a workaholic: the facts about work addiction*. New York: World.
O'MALLEY,M. (1992). «Standard time, narrative film and American progressive politics» *Time and Society*, 1, p. 196.
ONG, A. (1987). *Spirits of resistance and capitalist discipline: factory women in Malaysia*. Albany: State University of New York Press.
ORTEGA Y GASSET, J. (1983). *Meditación de la técnica*. Obras completas, vol.V, Madrid: Alianza Editorial.
PUNSET, E. (2004). *Adaptarse a la marea*. Madrid: Espasa Calpe.
PUNSET, E. (2005). *El viaje a la felicidad*. Barcelona: Destino.
PUNSET, E. (2005). *Cara a cara con la vida, la mente y el Universo*. Barcelona: Ediciones Destino.
RIECHMANN, J.(2003). *Tiempo para la vida. La crisis ecológica en su dimensión temporal*. Madrid: Ediciones del Genal.
RIFKIN, J. (1996). *El fin del trabajo*. Madrid: Paidós.
RITZER, G. (1996). *La Mcdonalización de la sociedad: un análisis de la racionalización en la vida cotidiana*. Barcelona: Ariel.
RODRÍGUEZ IDÍGORAS, A. (Ed.) (2002). *El valor terapéutico del humor*. Bilbao: Desclée de Brouwer.
ROJAS, L. (2005). *La fuerza del optimismo*. Madrid: Aguilar.
RUSSELL, B. (1986). *Elogio de la ociosidad*. Barcelona: Edasa.
SALE, K. (1996). *Rebels against the Future*. London: Quartet Books.
SELIGMAN,M. & CSIKSZENTMIHALYI,M. (2000). Positive Pshicology: An introduction. *American Psychologist*, 55 (1), 5-14.
SELIGMAN, M. (2005). *La auténtica felicidad*. Barcelona: Ediciones B.
SELYE, H. (1974). *Stress with distress*. Philadelphia: Lippincott.

SCHOR, J. (1991). *The overworked american. The unexpected decline of leisure.* New York: Basic Books.

STENDHAL. (1975). *Recuerdos de egotismo.* Madrid: Alianza Editorial.

TERCEIRO, J.B. (1996). *Socied@d digit@l. Del homo sapiens al homo digitalis.* Madrid: Alianza Editorial.

TOFFLER, A. (1973). *El «shock» del futuro.* Barcelona: Plaza & Janés.

TOFFLER, A. (1981). *La tercera ola.* Barcelona: Plaza & Janés.

TRECHERA, J.L. (1996). *¿Qué es el narcisismo?* Bilbao: Desclée de Brouwer.

TRECHERA, J.L. (1997). *El trastorno narcisista de la personalidad: concepto, medida y cambio.* Córdoba: Publicaciones ETEA.

TRECHERA, J.L. (2000). *Introducción a la Psicología del Trabajo.* Bilbao: Desclée de Brouwer.

TRECHERA, J.L. (2003). *Trabajar en equipo: talento y talante.* Bilbao: Desclée de Brouwer.

TRECHERA, J.L. (2004). *Como gota de agua. La Psicología aplicada a las organizaciones.* Bilbao: Desclée de Brouwer.

TRECHERA, J.L. (2005). *Agujeros negros de la mente. Claves de salud psíquica.* Bilbao: Desclée de Brouwer.

WEBER, M. (2004). *La ética protestante y el espíritu del capitalismo.* Madrid: Alianza Editorial.

WEINER, S. (2005). *La Guía Slow Food.* Bra: Centro Stampa.

ZUBERO, I. (2000). *El derecho a vivir con dignidad: del pleno empleo al empleo pleno.* Madrid: Ediciones HOAC.

ÍNDICE

Introducción	9

PARTE I. SENSIBILIZARSE ANTE LA REALIDAD   15

I. Introducción   17
- i.i. La tortuga va a su ritmo: Sin prisa pero sin pausa   17
- i.ii. ¿Qué nos pasa?   18
- i.iii. ¿Cuáles son nuestros valores?   19

II. El nuevo concepto de tiempo y trabajo   23
- i.i. Aproximación a la relación entre tiempo y trabajo   23
- ii.ii. En el principio era el ocio   25
- ii.iii. Comienza el negocio   27
- ii.iv. El tiempo como recurso escaso: «*Time is money*»   29
- ii.v. Esclavizados por el trabajo y devorados por el tiempo   32
- ii.vi. Vuelta a los orígenes: ¿Hacia una sociedad del ocio?   35

III. El culto a la prisa: «la velocidad es bella»   41
- iii.i. El miedo al cambio: «El shock del futuro»   41
- iii.ii. «¡La aceleración es bella!»   47
- iii.iii. Las nuevas tecnologías: «Del homo sapiens al homo digitalis»   49

IV. Atrapados en el reloj y cautivos del trabajo: algunas paradojas   53
- iv.i. Diversas paradojas   54

PARTE II. EL CUERPO Y LA MENTE PROTESTAN, SE REBELAN Y PASAN FACTURA   63

V. Introducción   65
- v.i. La tortuga permanentemente está «creciendo» y no se desvive o «malvive»   65
- v.ii. ¿Qué nos pasa a los seres humanos?   67

VI. La enfermedad de la prisa: «el hombre orquesta»   73
    vi.i. Introducción   73
    vi.ii. Características del Patrón de Conducta Tipo A (PCTA)   74
    vi.iii. Anexo: Cuestionario patrón de conducta tipo A-B   79

VII. Adictos al trabajo: «adicción decente y respetable»   83
    vii.i. Introducción   83
    vii.ii. El trabajo como adicción   84
    vii.iii. Características de los adictos al trabajo   88
    vii.iv. Anexo: Cuestionario sobre la adicción al trabajo   93

VIII. El estrés: «la chispa de la vida o la carcoma que
    corroe, deteriora y mata»   97
    viii.i. Introducción   97
    viii.ii. Elementos constitutivos del estrés   101
    viii.iii. Consecuencias del estrés   109
    viii.iv. Anexo: Cuestionario de evaluación del estrés   110

IX. Síndrome de burnout o «estar quemado»   113
    ix.i. Introducción   113
    ix.ii. Características del síndrome de *burnout*   115
    ix.iii. Consecuencias del síndrome de *burnout*   117
    ix.iv. Anexo: Cuestionario de síndrome de *burnout*
    o estar quemado   118

X. El narcisismo: «narcotizados y aplastados por el yo»   121
    x.i. Introducción   121
    x.ii. El mito de Narciso   125
    x.iii. Características del narcisismo   126
    x.iv. Conclusiones   134
    x.v. Anexo: Cuestionario trastorno narcisista de la personalidad   135

PARTE III. LA CALMA ES ORO   139

XI. Introducción   141
    xi.i. La tortuga y la liebre   141
    xi.ii. ¿Qué podemos hacer?   142

XII. El movimiento *«slow»*   145
    xii.i. Introducción   145
    xii.ii. ¿Qué aporta el movimiento *Slow*?   146

XIII. Decálogo para aprendices: «la calma es oro» 157
  XIII.I. Cambiar el reloj por la brújula: Tener un norte claro 159
  XIII.II. Convertirse en el protagonista de la propia historia:
    poner los medios 161
  XIII.III. Aprender a conocerse: Fortalezas y debilidades 164
  XIII.IV. Saber priorizar: Jerarquía de valores 168
  XIII.V. Saborear el presente: *Carpe diem* 172
  XIII.VI. Saber «perder el tiempo»: Ganar calidad de vida 175
  XIII.VII. Darle tiempo al tiempo: la creatividad necesita tiempo 178
  XIII.VIII. Saber simplificar: Soltar lastre 182
  XIII.IX. Saber ser paciente y perseverante: ser proactivo y
    no reactivo 185
  XIII.X. Saber vivir: Ser positivo y tener sentido del humor 188

Bibliografía 195

JOSÉ LUIS TRECHERA HERREROS (Cádiz, 1958). Estudios en Sevilla (Filosofía y Ciencias de la Educación: Psicología), Granada (Teología) y Madrid (Licenciatura en Teología Moral y Doctorado en Psicología, Universidad Comillas). Máster en Dirección de Recursos Humanos y Organización (DRHO-ESIC).

Profesor del área de Recursos Humanos de la Facultad de Ciencias Económicas y Empresariales (ETEA), adscrita a la Universidad de Córdoba. Su investigación se centra en el estudio de las relaciones humanas en los entornos grupales y en las variables que facilitan el crecimiento humano. Desarrolla su labor a través de la coordinación de cursos y seminarios sobre estas disciplinas en distintos centros nacionales y extranjeros, así como en el asesoramiento psicológico más personalizado.

Entre sus obras destacan: *El trastorno narcisista de la personalidad: concepto, medida y cambio* (ETEA,1997); *Introducción a la Psicología del Trabajo* (Desclée,2000); *Trabajar en equipo: talento y talante* (Desclée,2003). *La gestión de los centros educativos: a nuevos tiempos, nuevas respuestas* (Coautor, Grupo SM,2003); *Como gota de agua. La Psicología aplicada a las organizaciones* (Desclée,2004); *Agujeros negros de la mente. Claves de salud psíquica* (Desclée,2005) y *Dirección de entidades no lucrativas* (Coautor, Thomson,2006).

Otros títulos publicados en
books4pocket ensayo y divulgación

Conocer la historia de la filosofía y de los filósofos resulta apasionante. En este Atlas, el filósofo Heleno Saña muestra la evolución del pensamiento a lo largo de los siglos y las geografías. Con un lenguaje claro, preciso, pero sencillo, alejado de terminologías y aparatos conceptuales que pudiesen dificultar su lectura, el libro facilita el acceso a las ideas y teorías filosóficas más importantes de todos los tiempos.

Se nos ha convencido de que el planeta se calienta, pero ¿es realmente así? Luis Campos sostiene que por el contrario estamos en la antesala de una nueva glaciación. Evidente es que los polos ahora se deshielan, que la temperatura del mar es más elevada originando sequías, desertización... Mas esta realidad no hace cierta la teoría fácil que vaticina el calentamiento del planeta, a la que se ha apuntado la meteorología oficial, confundida y de corto alcance.

En 1960, el rodaje de "La cuadrilla de los Once" (Ocean´s eleven) reunió en Las Vegas a cinco grandes artistas del mundo del espectáculo y, al frente de ellos, Frank Sinatra. Durante dos semanas ofrecieron una serie de espectáculos memorables en los que había mucho más que canciones y bromas en el escenario. La historia de Frank, Dean y Sammy, el Rat Pack, es la crónica de un estilo de vida que ha perdurado como prototipo de elegancia, hedonismo, diversión y... peligro.

Coja un lápiz y relájese. Después despegue en un viaje alucinante hasta la última frontera de las matemáticas, la mente y el significado, mientras el aclamado Dr. Clifford Pickover, Dorotea y el Dr. Oz exploran algunos de los más extraños y peculiares caminos de aquellos obsesionados con los números. Las pruebas elaboradas por el enigmático Dr. Oz para evaluar la inteligencia humana estimularán el cerebro de incluso el aficionado de acertijos más ávido.

La historia de la humanidad es la historia de su ciencia. Ramon Parés nos narra, de forma divertida, rigurosa y amena, los episodios más destacados de la historia de la ciencia, desde sus orígenes hasta la actualidad. Y lo hace en forma de cartas remitidas a su hija Nuria, una original manera de reflexionar sobre el genio científico de la humanidad.

Manolete fue desde que acaba la guerra civil hasta 1947 la figura de referencia en España. Con su muerte, el hombre se convierte para siempre en mito.

Sol y sombra de Manolete actualiza las teorías sobre el torero y las enfrenta con rigor y maestría ofreciendo al lector un panorama amplio y libre de prejuicios, y recoge también los testimonios de pintores, escritores y cineastas que han visto en él un icono: Zuloaga, Dalí, Gerardo Diego, Pérez Reverte, Gance, Meyjes...

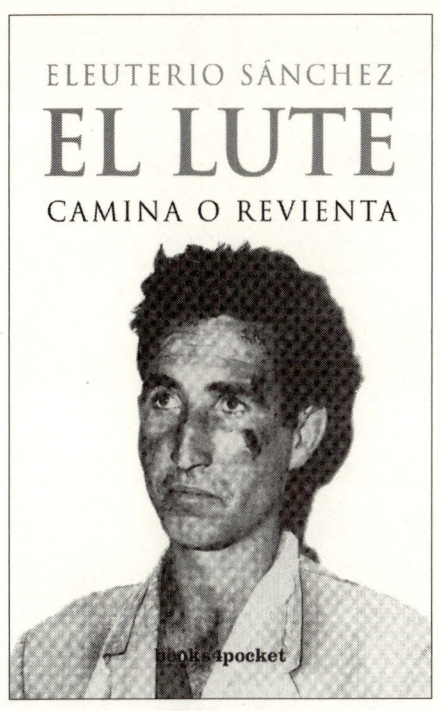

Camina o Revienta, llegó a número uno de ventas en varios países europeos, fue llevado al cine, e inspiró un disco de platino de Boney M. Este libro va mucho más allá del trepidante relato sobre las aventuras de "El Lute", en sus líneas, se retrata magistralmente tanto la sociedad de finales del franquismo, como la psicología de un hombre, que impulsado por su amor a la libertad, logró llegar más allá de su propia resistencia física.

Pensar que desde los años 50 ha habido reuniones anuales secretas en países de Europa, Estados Unidos y Canadá, integradas por algunas de las personas (políticos, empresarios, periodistas, etc.) más influyentes del planeta, puede parecer extraño, pero así ha ocurrido y sigue ocurriendo. ¿Por qué se reúnen sin hacerlo en público? ¿Qué conexión se establece con otras corporaciones internacionales? ¿Dónde nos dirigen sin que lo sepamos?

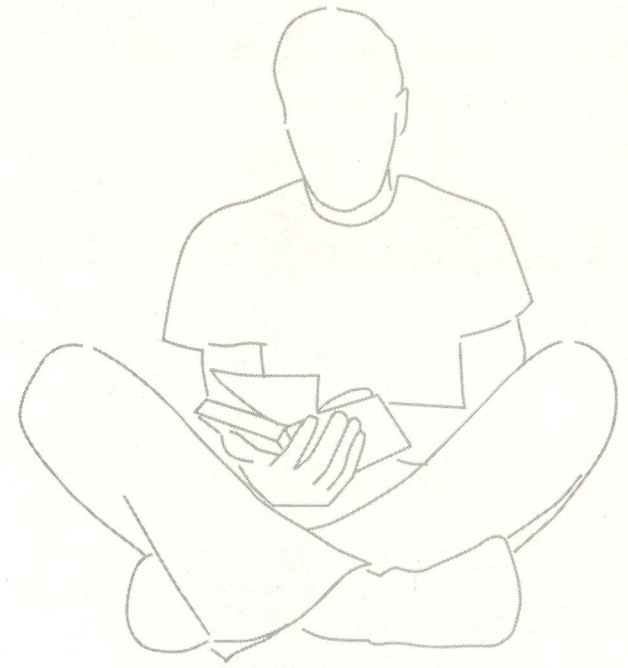

www.books4pocket.com